Burnout-Depressionen

Fluch oder Segen

Gerhard Huber

Kontakt:
www.burnout-depressionen-fluch-oder-segen.at
g.huber60@gmx.at

Druck und Bindung: Druckerei Theiss, www.theiss.at

ISBN 978-3-200-01395-7

Inhalt

Der Titel dieses Buches hätte auch lauten können

BURNOUT – DEPRESSIONEN

Im Abwärtssog der Gefühle!

BURNOUT – DEPRESSIONEN

Ein Leben in Dunkelheit?

BURNOUT – DEPRESSIONEN

Leiser Abschied vom Leben?

BURNOUT – DEPRESSIONEN

Ewige Finsternis?

BURNOUT – DEPRESSIONEN

Das endgültige Ende?

BURNOUT – DEPRESSIONEN

Nie mehr Leben?

BURNOUT – DEPRESSIONEN

The point of no return?

BURNOUT – DEPRESSIONEN

Tod oder Auferstehung?

BURNOUT – DEPRESSIONEN

Ewiger Abschied vom Leben?

BURNOUT – DEPRESSIONEN

Gibt es ein Zurück?

BURNOUT – DEPRESSIONEN

Vom Tod zurück ins Leben!

BURNOUT – DEPRESSIONEN

Dem emotionalen Tod entronnen!

BURNOUT – DEPRESSIONEN

Einmal Hölle und zurück!

BURNOUT – DEPRESSIONEN

Von der Hölle zurück ins Leben!

BURNOUT – DEPRESSIONEN

Sklave der eigenen Gefühle!

BURNOUT – DEPRESSIONEN

Achterbahn der Gefühle!

BURNOUT – DEPRESSIONEN

Im Banne der Perfektion!

BURNOUT – DEPRESSIONEN

Die moderne Zeit und ihre Folgen?

BURNOUT – DEPRESSIONEN

Das Los der Perfektionisten und Idealisten?

BURNOUT – DEPRESSIONEN

Der unvermeidliche Weg der modernen Zeit?

BURNOUT – DEPRESSIONEN

Es kann gar nicht anders kommen!

BURNOUT – DEPRESSIONEN

Es trifft immer die Besten!

BURNOUT – DEPRESSIONEN

Es kann jeden treffen – auch mich!

BURNOUT – DEPRESSIONEN

Das kann ich keinem wünschen!

BURNOUT – DEPRESSIONEN

Warum tut es so weh?

BURNOUT – DEPRESSIONEN

Warum gerade ich?

BURNOUT – DEPRESSIONEN

Warum habe ich immer zu viel gegeben?

Vorwort

Warum gerade dieses Buch?

Dieses Buch, das Sie hier in Händen halten, ist keines, das Ratschläge geben möchte. Es nicht meine Absicht, jemandem zu sagen, was er oder sie tun soll und was nicht. Es bleibt jedem selbst überlassen, was er daraus machen möchte. **Was ich will, ist lediglich meine ganze Lebenserfahrung zur Verfügung zu stellen.** Sagen, wie es mir ergangen ist. Mir, der ich von Kind an Sport als fixen Bestandteil meines Lebens gehabt habe! Mir, der ich immer auf mich geachtet habe. Mir, der immer gedacht hat: „Ich bin so fit! Ich bin in einer so guten geistigen und körperlichen Verfassung! Mir kann gar nichts passieren! Und wenn mir einmal tatsächlich etwas passieren sollte, was ich aber ohnehin nicht glaube, dann kann mir nur ein Ziegelstein auf den Kopf fallen oder mich ein Auto niederfahren."

Dass ich dann mit 25 Lebensjahren einen Schlaganfall, mit 35 eine Lungenembolie und mit 45 ein Burnout erleben werde, war für mich anfangs doch etwas überraschend gewesen!

Doch gerade wegen all dieser Schicksalsschläge ist es meine Lebensgeschichte. Meine Lebensgeschichte, die ich Ihnen erzählen möchte. Denn ich glaube auch daran, dass es gerade das Eine ist, was meine Geschichte von den meisten anderen unterscheidet. **Nämlich, dass ich all dieses selbst erlebt habe, jede Sekunde den Schmerz selbst gespürt und auch das Gesicht des Todes selbst gesehen habe!"** Und ich glaube auch für mich, dass es eine ganz besondere Geschichte ist!

Dieses Buch über meine Lebenserfahrungen und über meinen Umgang mit Burnout und Depressionen wollte ich auch deshalb schreiben,

– weil ich glaube, dass sich viele Menschen darin wiedererkennen werden!

– weil ich glaube, dass jetzt schon zu viele Menschen an Burnout und an Depressionen leiden!

– weil ich glaube, dass sich viele Menschen zumindest „etwas" aus diesem Buch herausnehmen werden können!

– weil ich glaube, dass ich damit vielen Menschen mehr als nur eine Hilfestellung oder einen „Strohhalm" bieten kann!

– weil ich glaube, dass ich vielen Menschen mit dem von mir selbst Erlebten tatsächlich helfen kann!

– weil ich an dieses Buch und an deren Hilfe für viele Menschen glaube!

Und auf noch etwas möchte ich gleich hier schon hinweisen: Es ist vollkommen egal, welchen Beruf jemand vor seinem Burnout, vor seinen Depressionen ausgeübt hat! Es ist vollkommen egal, ob jemand ein Arzt, eine Hausfrau, ein Unternehmer, eine Krankenschwester, ein Jurist, ein Angestellter, ein Lehrer, ein Arbeiter, ein Schönheitschirurg oder ein Manager war. Tatsache ist:

ES KANN JEDEN VON UNS TREFFEN!

- **NIEMAND ist vor Burnout oder Depressionen gefeit!**
- **ABSOLUT NIEMAND!**
- **Meistens trifft es die IDEALISTEN!**
- **Meistens trifft es Menschen, die sich besonders engagieren!**
- **Menschen, die immer ALLES geben!**

- **Menschen, auf die immer Verlass ist, zu jeder Zeit!**
- **Menschen, die nicht NEIN sagen können!**
- **Menschen, die sich ständig selbst zurückstellen, um anderen zu helfen, um für sie zu sorgen oder um für sie da zu sein!**
- **Menschen, denen man blind vertrauen kann!**
- **Menschen, die eigentlich einen Orden und eine Belohnung bekommen müssten!**

Genau um diese Sorte von Menschen handelt es sich! Menschen mit Anstand! Menschen mit Charakter! Menschen mit Vorbildwirkung! Und noch etwas ganz Wesentliches:

NIEMAND, absolut niemand, muss sich für sein Burnout oder für seine Depressionen schämen!

NIEMAND muss sich dafür schämen!

NIEMAND muss das!

NIEMAND!

Überhaupt nicht!

Aber ich weiß, viele tun das!

Doch es muss nicht sein!

Und es darf nicht so sein!

Nie darf es so sein!

NIE!

NIEMALS!

Und dafür schreibe ich dieses Buch! Dass es niemals wieder so sein wird und dass es niemals wieder so weit kommen wird! Niemals mehr!

Kapitel 1

Meine ersten 47 Jahre

Ich bin, so wie ich immer gesagt habe, in meinem Leben auf die „Butterseite" gefallen. Egal ob in der Kindheit, der Jugend oder im Erwachsenenalter. Egal ob in der Familie, in die ich hineingeboren wurde oder in meine eigene. Egal ob im Beruf, im Sport oder sonstwo. Und auch mit meinem Äußeren war ich immer sehr zufrieden.

Ich, Gerhard Huber (47) bin mit Sabine (45) verheiratet und wir sind insgesamt seit über 30 Jahren ein Paar. Wir haben miteinander zwei gemeinsame Söhne, Oliver (27) und Benjamin (15).

Mein Beruf war die Bank. Ich war dort für die Börsen- und Aktiengeschäfte zuständig, und sie war eines meiner Leben. Es war genau das, was ich immer und ewig wollte. – Dachte ich!

Es war eine hochinteressante Tätigkeit, jeder Tag brachte etwas Neues. Ich habe viele Menschen kennengelernt, hatte viel Verantwortung, sowohl in menschlicher als auch in finanzieller Hinsicht. Das Börsengeschäft bedeutet aber auch immer am Laufenden zu sein und das Weltgeschehen nicht nur in allen wirtschaftlichen Bereichen zu kennen. Zudem schließt die letzte Börse erst um 22.00 Uhr unserer Zeitrechnung (New York). Wenn man das Börsengeschäft ernst nimmt, dann sind die Nachrichten zu dieser Zeit ein Fixtermin. Die anschließende Aufbereitung all dieser Informationen, um am nächsten Tag mit den Kunden die weiteren Vorgehensweisen zu besprechen, darf als selbstverständlich angenommen werden. Die Börse war mein ständiger Begleiter, ich bin mit ihr abends zu Bett gegangen und am nächsten Morgen in der Früh wieder mit ihr aufgestanden. Börse bedeutet aber auch mit den täglichen Schwankungen leben zu lernen, beinahe rund um die Uhr erreichbar zu sein, egal ob am Wochenende oder im Urlaub, egal ob die Börse gerade ein Hoch oder ein Tief erzielt hat. Mit Kunden gemeinsame Strategiebesprechungen über die weitere Vorgehensweise abhalten, sollen wir kaufen oder verkaufen, sollen wir Anteile zukaufen oder Anteile teilverkaufen. Was spricht hier dafür und was spricht dort dagegen. Nie den Kunden mit seinen Anlagen allein lassen. Wie im Guten, so im Bösen. Wie in guten Zeiten, so in schlechten Zeiten.

Und es waren schöne und tolle Zeiten! Sowohl bei meinem vorherigen Arbeitgeber als auch bei meinem jetzigen. Zeiten, die ich nicht missen möchte. Auf gar keinen Fall. – Es war so!

Insgesamt hat es sich so zugetragen, dass je mehr zu tun war, umso mehr hat es mir gefallen. Wenn aufgrund meiner Initiativen gerade ein Kunde vor mir saß, ein anderer am Telefon, ein anderer vielleicht in der zweiten Leitung und zusätzlich noch jemand im Kundenwarteraum war, dann war ich in meinem Element. Dies war das Meine. Mein interessantes Leben. Ich habe meinen Beruf gern ausgeübt. Mein Beruf war mein Hobby, mehr noch, er war meine Leidenschaft. – Dachte ich!

Mir wurde bei uns in der Bank auch die Möglichkeit geboten (2005), die gesamte Leitung als einer von zwei Vorstandsdirektoren zu übernehmen, damit ich auf die Geschicke der Bank noch mehr Einfluss nehmen könnte. Ich habe auch mit einer Ausbildung für angehende Führungskräfte begonnen und war schon im Vorfeld, ab 2.1.2006, mit der Leitung unserer größten Filiale mit 17 Mitarbeitern betraut worden.

Ich habe auch Anfang 2007 eine riesige Kundenveranstaltung von A bis Z allein organisiert und durchgeführt. Ich war Ideengeber und ich war der, der die Ideen umgesetzt hat, ich habe die Kunden ausgewählt und die Einladung kreiert, habe den Vortrag verfasst und ihn niedergeschrieben, das Bühnenbild ausgesucht und es selbst angeliefert, die Stuhlreihen mit den Räumlichkeiten abgestimmt und die Stühle selbst aufgestellt, habe den Ton, die Akustik und die Power-Point-Präsentation gecheckt, die Getränke organisiert und geschaut, dass den Kunden am Abend ein Buffet zur Verfügung steht. Und zu guter Letzt war ich noch einer von den zwei Vortragenden. Und das Tüpfelchen auf dem i war, dass wir sage und schreibe 400 Besucher als Zuhörer begrüßen durften, wo sonst bei unseren Bankveranstaltungen maximal ein Zehntel davon schon als voller Erfolg gewertet wurde. Viele Kunden und viele Besucher haben mir zu der gelungenen Veranstaltung gratuliert und mich beglückwünscht. Sogar noch tags darauf sind sie kurz bei mir vorbeigekommen oder haben mich angerufen und gesagt, wie professionell sie den Abend fanden. Der Landesdirektor von einer großen Kärntner Versicherungsgesellschaft war äußerst erstaunt, dass es gelungen war, so viele Besucher zu überzeugen. Erich, vielen Dank nochmals für dein Lob. Weil ich auch um deine Ansprüche Bescheid weiß, haben mir diese Worte aus deinem Munde, doppelt viel gegeben. Für mich gesprochen kann ich nur sagen, dass ich total glücklich und zufrieden war, eine ordentliche Arbeit abgeliefert zu haben. Bis dahin war dieser Abend sehr befriedigend für mich verlaufen. Umso überraschter war ich dann, als mir von höherer Stelle mitgeteilt wurde, dass diese Veranstaltung nicht Werbung für die Bank, sondern allein für meine Person war. Überraschung Nummer zwei ließ dann auch nicht allzu lange auf sich warten. Eine nette Dame aus den eigenen Reihen in gehobener Position und Meinungsbildnerin mokierte sich darüber, dass ich während meines Referates zwischendurch eine Hand in meiner Hosentasche hatte und hat deshalb auch gleich meinen ganzen Vortrag in Frage gestellt. Für mich den Vogel abgeschossen haben zu guter Letzt aber ein paar Kolleginnen von mir, die mir vorgeworfen haben (natürlich hinter meinem Rücken), dass ich mich, ich glaube, es war an einem Samstag, nicht ausgecheckt hätte, obwohl ich es im Vorfeld sehr wohl gemacht habe, nur ich musste damals gleich nach dem Auschecken noch einmal in mein Büro zurück und habe es erst eine gewisse Zeit danach wieder verlassen! So gesehen habe ich eigentlich für diese Zeit, vom Auschecken zurück ins Büro – Büroarbeit –

danach erst gehen – sogar gratis gearbeitet. Soviel also zum Thema „mit Krampf nach Dingen suchen, damit ich dem anderen etwas anhängen kann“ oder zum Thema Teamfähigkeit. Oder war es etwa doch schon ein leichter Anflug von Neid und Eifersucht?

In dieser Zeit hatten wir auch eine größere Spekulation in einer Aktie laufen und, bei Gott, Sie können mir glauben, jeder, absolut jeder hat im Vorfeld schon gewusst, dass es sich um eine solche gehandelt hat. Jeder wusste um die Chance und jeder wusste um das Risiko. Jeder wusste darüber Bescheid, dass die Informationen nicht von mir, sondern von einer Quelle stammten, die ich schon ein dreiviertel Jahr früher zu überprüfen begonnen hatte, noch bevor ich diese überhaupt an irgendjemand anderen weitergab. Jeder wusste, dass diese Informationsquelle die bisherige Entwicklung der Firma und der Branche sehr gut eingeschätzt hatte, aber nicht nur das, jeder wusste auch, dass das Unternehmen bisher imstande war, die gemachten Prognosen laufend zu übertreffen. Jeder wusste, dass ich mich, für den Fall, dass sich jemand für ein Investment entscheiden sollte, nur als denjenigen sah, der die Informationen eins zu eins weitergeben würde, nicht mehr und nicht weniger. Jeder wusste, dass es Risiko war, trotz der weiterhin exzellenten Aussichten. Jeder wusste, dass er sich selbst einschätzen und auch selbst entscheiden musste, wie schmerzhaft es für ihn selbst sein könnte, wenn es, egal aus welchem Grunde, doch anders als erwartet kommen würde. Wenn er zum Beispiel € 10.000,– investieren und davon € 5.000,– verlieren würde, oder wenn von investierten € 100.000,– mit einem Mal € 50.000,– verschwunden wären. Wie würde es ihm damit gehen? Wäre für ihn ein Weiterleben auch in einem solchen Falle noch denkbar? Und ich habe absichtlich absolute Beträge erwähnt und keine Prozentsätze, weil ich glaube, dass nur diese das Ausmaß eines auch möglichen Verlustes am genauesten widerzugeben imstande sind.

Viele lagen mit dieser Spekulation schon sehr gut im Plus, manche mit 10 %, manche mit 20 %, die ersten aber, die damals zu investieren begonnen haben, waren schon mit 70 %/80 % im Gewinn. Auf dem Weg dorthin haben manche verkauft und nicht mehr gekauft, manche haben verkauft und sind später wieder eingestiegen und manche haben leider nicht verkauft. Leider deshalb, weil der Kurs zu fallen begann und irgendwann immer mehr und das, obwohl die Informationen, die weitere Entwicklung betreffend, nach wie vor exzellent waren und auch davon gesprochen haben, dass es nur eine Frage der Zeit sein sollte, bis wir die ehemaligen Höchststände wieder erreichen bzw. übertreffen würden.

In dieser Zeit habe ich dann Menschen mit wirklichem Charakter!!! erlebt, aber leider auch solche mit einem „Scheincharakter", solche, die ihn entweder nie gehabt oder die ihn bedauerlicherweise im Laufe ihres Lebens irgendwann einmal verloren haben. Und auch diese Menschen haben mich Substanz gekostet, viel Substanz! Und das Tag für Tag!

Der Filialleitung und den Börsengeschäften habe ich mich dann etwa eineinhalb Jahre zugleich gewidmet. **Ich habe immer statt 100 % mit doppeltem Einsatz gearbeitet und dabei das irrige Gefühl gehabt, dass es noch zu wenig war.** Es hätten noch 5 oder 10 % mehr sein können (???)!

Wie dem auch sei, ich habe dann irgendwann bemerkt, dass mir die Arbeit immer schwerer von der Hand geht, dass ich mich zurücknehmen muss. Ich konnte kaum noch schlafen, ich habe immer mehr abgenommen. Zum Schluss waren es immerhin neun Kilo, die ich verloren habe! Ich war oftmals nach Mitternacht, wenn wieder einmal nicht an Schlaf zu denken war, irgendwo in der Stadt laufen gewesen. Später einmal musste ich auch das Laufen aufgeben, weil mir einfach die Kraft dazu fehlte. Zu dieser Zeit war es mir nur mehr möglich zu gehen. Ich glaube, ich hätte zu diesem Zeitpunkt auch jedes Wettrennen gegen eine Schnecke eindeutig verloren.

In der Früh war ich auch kaum in der Lage, aus dem Bett zu kommen, ich habe mich unter der Decke regelrecht versteckt. Wenn es dann mit dem Aufstehen doch geklappt hat, habe ich das Gefühl gehabt, als ob die ganze Nacht ein LKW auf meinem Brustkorb geparkt hätte, so stark war der Druck, den ich verspürte. Mein Herz war wie eingequetscht, es hatte kaum noch Platz zum Schlagen. Meine Hände und meine Finger krampften, sie zogen sich immer mehr und mehr zusammen, genauso wie sich mein Körper immer mehr und mehr in sich zusammenzog. Und ich begann zu zittern. Ich zitterte wie so manch Hundertjähriger nicht zu zittern imstande ist. Ich habe mich dann auch nicht mehr mit Freunden getroffen, ich habe soziale Kontakte nicht mehr aufrechterhalten können, ich habe sie einfach abbrechen lassen. Und ich habe meine Hobbys aufgegeben! Ich konnte sie irgendwann nicht mehr ausführen, ich war nicht mehr in der Lage dazu.

So schwer es mir dann auch gefallen ist, aber ich habe es getan. Ich habe auch die Leitung der Filiale abgegeben. Ich habe bemerkt, dass schon etliche Zeit davor, aber auch danach **Eifersüchteleien, Verleumdungen, Intrigen, Mobbing und Bossing, eigentlich gezielter Psychoterror** gegen mich im Gange waren, und auch immer mehr zugenommen haben, sodass ich all diesen Dingen tagtäglich mehr und mehr ausgesetzt war und die mich letztendlich meine gesamten Reserven gekostet haben!

Ich habe auch meine Termine mit meinen Kunden nicht mehr wahrnehmen können, ich habe sie immer weiter nach hinten verschieben müssen. Es war mir ganz einfach nicht mehr möglich sie einzuhalten. Und ich habe Meetings unter fadenscheinigsten Ausreden abgesagt. Ich bin dann auch nur mehr punktgenau in die Bank gekommen und ich habe sie auch punktgenau wieder verlassen. Wenn ich dann zu Hause war, es war meistens so gegen 17.15 Uhr, habe ich mich ins Schlafzimmer verkrochen! Dort habe ich die Rollläden heruntergelassen, habe ich mich ins Bett gelegt und wollte nichts und niemanden mehr sehen. Ich habe mir die Decke über den Kopf gezogen und mich dort in der Embryo-Stellung versteckt.

Was ich allerdings noch versucht habe war, mich durch persönliche und familiäre Termine aufrechtzuerhalten. Termine, die mir wichtig waren, doch immer nur einer nach dem anderen. Zuerst wollte ich noch unbedingt bis zu unserem 25. Hochzeitstag durchhalten, diesen mit meiner Frau Sabine in einem besonderen Ambiente in einer angenehmen Atmosphäre und mit ein paar lieben Freunden noch gemeinsam erleben! Als mir das gelungen war, habe ich mir den Geburtstag von ihr, der zwei Monate später als Termin anstand, als nächstes Ziel gesetzt, welches ich noch erreichen wollte. Ich wollte mit ihr noch eine schöne Geburtstagsfeier erleben. Und auch dies habe ich noch geschafft. Aber es wurde immer schlimmer – ich konnte es kaum mehr aushalten! Ich habe zuerst immer gedacht, dass schaffe ich schon! Ich komme da schon raus! Ich habe schon ganz andere Sachen in meinem Leben geschafft! Und so wie ich die anderen Sachen geschafft habe, so werde ich es auch diesmal wieder schaffen! So leicht lasse ich mich nicht unterkriegen! Außerdem habe ich keinem etwas getan, ich brauche nichts und niemanden zu fürchten! Ich kann erhobenen Hauptes durch die Welt gehen!

Ich habe allerdings nicht damit gerechnet,

- dass mir die Worte im Mund umgedreht werden!
- dass beim Geld anscheinend doch der wahre Charakter der Menschen zum Vorschein kommt!
- dass, wenn es um große persönliche Ziele geht, die man unbedingt erreichen will, viele Mittel recht sind!
- dass, wenn es um das Geld geht, anscheinend doch jeder seinen Preis hat!
- dass, wenn es um das Geld geht, viele zu Vielem bereit sind!

Und irgendwann war es dann zu spät für mich! Ich habe die Anzeichen zu lange ignoriert und ich habe sie auch unterschätzt! Leider! Es war zu spät, um dagegen anzukommen! Zu spät, um mich zu wehren! Jetzt war es soweit!

Ich war vollkommen ausgelaugt –

war kraftlos – leer – und vernichtet!

Zusätzlich gedemütigt durch all die Dinge wie Verleumdungen, Intrigen und Eifersüchteleien! Mir hat es den Boden unter meinen Füßen weggezogen! Ich fiel in die tiefsten Abgründe! Es gab kein Halten mehr für mich, ich fiel und fiel und fiel. Tiefer und tiefer, weiter und weiter. Ich konnte keinen Boden mehr erkennen, es gab nur etwas unendlich riesiges Schwarzes um mich herum, das mich immer mehr und mehr verschlang und nicht bereit war, mich irgendwann wieder hergeben zu wollen, auch nicht dann, wenn ich mich ihm vollkommen ergeben würde! „Es" will mich haben und „Es" will mich jetzt haben! Für alle Zeit und es gibt daraus kein Entrinnen mehr für mich! Nicht für mich und auch für keinen anderen sonst, für niemanden! Es ist zu stark! Es lässt mich nicht mehr los! **ES IST AUS! – ES IST VORBEI!**

Wie konnte es nur so weit kommen?

Wie konnte es nur so weit kommen? Was war überhaupt geschehen? Mein Leben war ja die Bank, die Börse. Es war, wie gesagt, Beruf und Hobby, Leidenschaft und Liebe. Ich dankte auch Gott in der vorher erwähnten Kundenveranstaltung ganz offiziell, dass mein Arbeitgeber eben mein Arbeitgeber ist. Ich wäre für meinen Arbeitgeber durch das Feuer gegangen – ich wäre für ihn gestorben – und ich bin fast gestorben! **Zu meinem Arzt habe ich es letztendlich (12.10.2007) gerade noch geschafft! Ich habe ihn gebeten, etwas zu tun, mir etwas zu geben! Er sollte mir etwas spritzen! Ganz egal was! Hauptsache, er gibt mir etwas! Hauptsache, er macht etwas!** Seine Diagnose war, bei mir sei es nicht fünf vor zwölf, sondern schon zwölf! Massivstes Burnout! Er sagte, dass ich mit meinem Leben spiele! Er hat mir sofort einen Platz im Landeskrankenhaus in Villach organisiert. Dortige Diagnose: „Schwerste depressive Episode, Herzinfarkt nur mehr eine Frage der Zeit!“ Danach haben sie mich ruhiggestellt! Mit Medikamenten versucht, mir eine gewisse Stabilität zu geben! Und das war nicht nur gut so, sondern es war auch enorm wichtig für mich! Ich brauchte sie ganz einfach und das ohne Wenn und Aber, denn zu diesem Zeitpunkt habe ich bestimmt nicht das erste Mal ans Sterben gedacht!

Zwei Monate war ich in diesem Krankenhaus. Nach einer Zeit zu Hause war ich wieder über zwei Monate in einer Klinik, die sich ausschließlich auf Burnout und Depressionen spezialisiert hat. **Die ganze Zeit war ich abgekapselt von der Außenwelt.** Nur Kontakt zu meiner engsten Familie. Ansonsten kein Kontakt zu Eltern, zu Freunden, keiner zu Job, zu Kollegen, keiner zu Vorstand und Aufsichtsrat. Es gab auch kein Fernsehen für mich, kein Radio, keine Zeitungen und keine Zeitschriften.

Nichts!

Es gab einfach nichts!

Ich konnte nicht mehr!

Ich war fertig!

Ich war „tot“!

Meine einzigen Gedanken waren: „Lasst mich in Ruhe! Ich kann nicht mehr! Lasst mich alle in Ruhe! Lasst mich einfach in Ruhe sterben!“

* * * * * * * * * * * * *

in dieser Zeit waren:

- eine unendliche Leere!
- Ich hatte keine Energie mehr! Ich hatte keinen Antrieb und keine Kraft mehr. Für nichts! Für gar nichts!
- Ich war in keinster Weise mehr belastbar, weder geistig noch körperlich!
- Ich war von Weinkrämpfen geplagt!
- Und es war mir alles egal! Nichts berührte mich mehr!
- Ich war emotionslos! Ich konnte keine Gefühle mehr empfinden! Für nichts! Für niemanden!?
- Ich hatte Gedächtnislücken! Ich konnte mir nichts Neues merken, vergaß Altes, vergaß Alltägliches!
- Ich hatte keine Perspektiven!
- Ich brachte meine Gedanken nicht unter Kontrolle! Ich hatte extremes Gedankenkreisen!
- Und ich hatte Suizidgedanken! Ich überlegte mir, wie und wo ich es tun würde! Es gab so viele Möglichkeiten: den Zug, die Brücke, das Gewehr, die Pulsadern, Autoabgase, Medikamente, den Strick, Auto gegen Baum, einen Felsen. Vieles war möglich. Für mich war es zu diesem Zeitpunkt nur mehr eine Frage der Zeit, bis ich es tun würde, denn dass ich es tun würde, das war schon lange eine beschlossene Sache! Ich wollte kein lebender Toter mehr sein! Ich wollte kein Zombie mehr sein, der nur mehr in einen menschlichen Fleischfetzen eingehüllt war! Ich wollte nicht mehr sein! Ich wollte all dem ein Ende setzen!

Wahrscheinlich gab es sogar das eine oder das andere mehr, ich weiß es nicht, ich habe auch keine Ahnung. Ich habe es wahrscheinlich auch ganz einfach vergessen, so wie ich vieles und immer mehr vergaß! Ich hatte auch keinen Strohhalm mehr, an den ich mich klammern konnte! Das Einzige, was ich noch tun konnte war, mich zwischendurch ein paarmal zu fragen: „Gibt es nicht doch noch einen Weg, der herausführt aus meinem Desaster?? Wo könnte ich da eventuell anfangen?? Was soll ich da tun?? Was kann ich überhaupt tun?? Wozu bin ich überhaupt noch fähig?? Gibt es ÜBERHAUPT einen Weg heraus aus meiner Finsternis??

Und so schlimm das auch klingen mag:

Ich hatte keine Ahnung

Ich hatte wirklich keine Ahnung! Ich hatte nur eines ganz stark und das war die Sehnsucht nach dem Tod! Sehnsucht nach meinem Tod! Und das, obwohl ich vor dem Tod immer Angst gehabt hatte! Mich fürchtete! Aber jetzt?! Jetzt?!

Ich dachte aber auch: „Wie kann ich es tun, ohne dass es nicht nach Suizid aussieht? Wie kann ich das? Wie? **Ich habe eine Frau, ich habe zwei Kinder, eine Familie! Was soll ich da tun? Was?** Wie kann ich ihnen das überhaupt antun?? Wie sollen sie den Rest ihres Lebens damit leben können?? Wie? **Wie sollen sie das jemals bewältigen und verstehen können, dass ihr geliebter Mann, ihr Vater, Selbstmord begangen hat??** Dass er freiwillig nicht mehr bei ihnen sein möchte?? Dass er sich so einfach davongestohlen hat?? Und dass er sich nicht einmal verabschiedete?? Wie sollen sie wirklich jemals mit so etwas leben können??“

? ? ? ? ?

Möglich, dass meine Familie sich sogar denkt, dass sie mir vielleicht irgendwann einen Grund gegeben hat, mich selbst zu töten?? Dass sie, meine Liebsten, mich irgendwann einmal so sehr verletzten, dass ich vielleicht ihretwegen nicht mehr leben wollte?? Konnte das alles und noch so vieles mehr wirklich sein?? Konnte es das?? Fragezeichen über Fragezeichen und immer mehr Fragezeichen!

? ? ? ? ?

Dann habe ich gedacht: „**Meine Frau Sabine** ist eine extrem starke Frau! Sie hat in ihrem Leben schon so vieles durchgestanden! Sie ist stark! Sehr stark! Sie wird auch damit umgehen können! Sie wird es schaffen! Sie wird es sogar schon sehr bald schaffen! Und es wird für sie nicht lange dauern, bis sie es geschafft hat! Ich weiß es! Sie hat so viel Positives in sich! **Sie ist wirklich ein besonderer Mensch! Sie wird es gut überstehen! Ja, so wird es sein!** Außerdem habe ich für sie und für meine Kinder vorgesorgt! Sie braucht sich deshalb keine Sorgen zu machen! Sie wird ein freies und unabhängiges Leben führen können! Ja, sie soll wieder frei und unabhängig sein! Sie soll ihr Leben genießen können! Ja, so soll sie leben und – und sie soll keinen Gedanken mehr an mich verschwenden! Ja, so soll es sein! **So ist es bestimmt das Beste! Das Beste für uns alle!**"

„Auch **mein ältester Sohn Oliver** mit seinen 27 Jahren ist stark. Er ist mit seinem Studium fast fertig, es wird also nicht mehr lange dauern und dann wird auch er es geschafft haben. Außerdem hat er neben seinem Studium immer gearbeitet! Er weiß, worauf es im Leben ankommt! Er ist ein Typ, der seine eigenen Vorstellungen hat und sich von niemandem beirren lässt! Und er ist hart, beinhart! Er ist einer, der seinen Weg geht! Um ihn muss ich mir deshalb auch keine Sorgen machen! Der schafft es! **Der schafft das schon! Lokker! Leicht! Ja, so wird es auch bei ihm sein!**"

„**Mein jüngster Sohn Benjamin** ist 15 Jahre alt! So wie alle kreativen Menschen ist auch er ein sehr feinfühliger Typ! Er ist das und hat das, was alle Jugendlichen in seinem Alter auch sind und auch haben. Aber zusätzlich zu alldem hat er glücklicherweise auch noch das Herz und das Fühlen eines Kindes in sich! Von seinem Herzen und seinem Fühlen her ist er schon ein ganz Großer! Er ist in seinen jugendlichen Jahren darin jetzt schon weiter, als so viele andere erwachsene Menschen es sind! Er ist darin heute schon so groß, dass viele Menschen hier auf Erden ihn auf dieser Ebene ihr Leben lang nicht werden erreichen können! Aber auch er könnte ohne mich sein! Auch er würde es schaffen! **Ich weiß es, dass er es schaffen würde! Ich spüre es! Sein Herz wird ihn alles verstehen und ihn alles schaffen lassen! Genauso wird es sein!**"

ABER

„ – **aber** würde es wirklich so sein?"

„Würde er es jetzt wirklich schon schaffen?"

„Wäre er wirklich schon so weit?"

„Jetzt schon?"

„Wäre es doch nicht noch ein wenig zu früh für ihn?"

„Soll ich mit meinem Suizid besser doch noch etwas warten?"

„Vielleicht so lange, bis er es etwas leichter wird verstehen können?"

„Soll ich noch etwas warten oder soll ich nicht mehr?"

„Kann ich überhaupt noch warten?"

„Wie lange kann ich es noch aushalten?"

„Kann ich es überhaupt noch aushalten?"

? ? ? ? ?

Ich war für mich im Schlimmsten, was ich mir jemals hätte vorstellen können! „Was kann ich da schon groß machen? Letztendlich war mir doch alles egal! Alles vollkommen egal! War es nicht so, dass für mich nichts mehr existent war, wofür es sich noch zu leben gelohnt hätte? Gab es nichts mehr?" Das Einzige, was es für mich gab, waren

? ? ? ? ?

Fragezeichen, die mich erdrückten! Fragezeichen, die mich immer mehr und mehr erdrückten, die mir die Luft zum Atmen nahmen! Fragezeichen, die auf mich einstürzten und mich mit ihrem gewaltigen Gewicht erschlugen! Fragezeichen, die mich für immer und ewig unter sich begruben!

? ? ? ? ?

Und zu dieser Zeit war es tatsächlich so, dass erst starke Medikamente mich wirklich wieder stabilisiert, mich wieder aufgefangen haben! Ich brauchte sie! Ich konnte gar nicht anders! Es gab für mich gar keine andere Chance, als sie zu nehmen! Ob ich wollte oder nicht! **ICH MUSSTE!**

Zu diesem Zeitpunkt habe ich aber auch nicht mehr registrieren können, dass **meine Frau und meine Kinder selbst an ihre Grenzen der Belastbarkeit gekommen waren**. Ich habe ihnen zwar einmal gesagt, dass sie sich wegen mir keine Sorgen zu machen brauchten, dass ich da schon irgendwie heraus kommen würde. Doch glauben Sie dies einmal einem Menschen, der weit über seinem Limit steht! Auch auf sie war der Druck enorm, auch sie haben viele Nächte wegen mir nicht mehr schlafen können, auch sie haben geweint und auch sie haben sich gesorgt.

- Weil sie nicht wussten, wie es MIT MIR weitergehen würde!
- Weil sie nicht wussten, wie es MIT IHNEN weitergehen würde!
- Weil sie nicht wussten, ob es ÜBERHAUPT weitergehen würde!

Und trotz dieser enormen Bürde haben sie weitergemacht, sind ihre Frau bzw. ihren Mann gestanden, egal ob es der Alltag, ob es die Arbeit oder die Schule war, ob es die vielen Behörden- und Bankenwege waren, egal ob es die vielen durchweinten Nächte und die unzähligen verzweifelten Stunden waren, die sie durchleben mussten, egal was es war! **Sie waren zusammengestanden! Sie waren füreinander da und sie waren für mich da!** Und so wie sie für mich da waren, hätte ich mir von ganzem Herzen gewünscht, dass Freunde, Bekannte oder andere Menschen für sie dagewesen wären, die sich um sie gekümmert hätten, sie vielleicht einmal von der Arbeit freigespielt, sie in den Arm genommen und getröstet hätten! Dass sie für sie Zeit gehabt und mit ihnen über so vieles gesprochen und ihnen zugehört hätten!

Ich bin den ganz vielen Menschen, die sich nach meinem Befinden bei meiner Familie erkundigt haben, die wissen wollten, wie es mir geht und wann ich wieder nach Hause komme, und die mir die besten Genesungswünsche übermitteln ließen, unendlich dankbar. Ich kann aber auch sehr gut meine Frau Sabine verstehen, die irgendwann einmal diese Fragen nach meinem Wohlergehen nicht mehr hören konnte! ALLE wollten immer nur wissen wie es mir geht, KEINER wollte wissen, wie es IHR dabei geht! KEINER wollte wissen, wie SIE damit zurande kommt, ob sie überhaupt zurande kommt? Dabei hätten sie und meine Familie zu diesem Zeitpunkt genau die gleiche Hilfe, genau die gleiche Unterstützung und genau den gleichen Zuspruch gebraucht wie ich! Nur, ich hatte ihn – sie nicht!

Vielleicht hilft dieser Gedanke vielen Menschen, in Zukunft nicht nur den Betroffenen selbst zu sehen, sondern auch seinen Partner und seine Familie, die nämlich in dieser Zeit genauso dazu verdammt sind, dasselbe Leid und denselben Schmerz in ihrem Herzen ertragen zu müssen, die genauso dazu verdammt sind, denselben steinigen Weg gehen zu müssen wie der Leidtragende selbst!

* * * * * * * * * * * *

Kapitel 2

Meine Aufenthalte im Krankenhaus

Insgesamt war ich mehr als vier Monate im Krankenhaus bzw. in der Klinik und ich kann gar nicht oft genug betonen, wie wichtig es für mich zu diesem Zeitpunkt war, neben dem Wissen, eine funktionierende Familie zu haben, auch in einem Krankenhaus bzw. in einer Klinik gewesen zu sein. Krankenhaus und Klinik gaben mir Schutz, **Schutz vor allem!** Schutz vor den Verursachern meines Zustandes, Schutz vor der Gesellschaft, Schutz vor den Anforderungen des Lebens und Schutz vor mir selbst! Dort ist es mir vorgekommen, als ob ein riesengroßer Schutzschild die beiden umgibt, sie einhüllt und mich so vor allen Belastungen der Außenwelt behütet! Dort habe ich mich fallen lassen können und was fast noch wichtiger war, dort wurde mir Verständnis für meine Situation und Verständnis für meine Krankheit entgegengebracht und dort wusste man auch, was zu tun war, und was nicht. Zu diesem Zeitpunkt gab es keinen anderen Ort auf der ganzen Welt, der mir hätte mehr helfen können. Nicht einmal mein zu Hause war dazu imstande, obwohl es für mich sonst immer oberste Priorität gehabt hatte.

Es war für mich wichtig, Ärzte, Krankenschwestern und Krankenpfleger um mich zu wissen, denen meine Genesungsfortschritte am Herzen lagen. Auch wenn mir diese das erste Mal nach etlichen Wochen meines Aufenthaltes bei ihnen (Mitte November 2007) die Möglichkeit geboten haben, mich an einem Wochenende ganz langsam wieder an mein zu Hause anzunähern, als sie der Meinung waren, dass ich nun stabil genug sei. Doch leider war, was natürlich auch niemand vorher wissen konnte, der erste Samstag/Sonntag zu Hause ein Fiasko für mich, ich musste das erste Wochenende zu Hause frühzeitig abbrechen und sofort wieder zurück in das Krankenhaus fahren. Es war unglaublich für mich, ich konnte nicht mehr zu Hause sein, ich wollte nur noch in das Krankenhaus zurück, dorthin, wo ich mir beschützt vorkam, dorthin, **wo ich mich im Schutze einer Glaskuppel wähnte,** dorthin, wo ich sicher war! Dies war auch der Grund, warum mein Arzt des Vertrauens, der sofort wusste, dass mein Heilungsprozess doch noch viel, viel länger dauern würde, sogleich an eine Klinik, die sich ausschließlich auf die Heilung von Burnout und Depressionen spezialisiert hatte, ein Ansuchen um Aufnahme stellte (Mitte November 2007). Der Zeitpunkt der Aufnahme war ungewiss, er könnte aber noch einige Zeit in Anspruch nehmen.

Nachdem der erste Versuch der Wiedereinführung in meine gewohnte Umgebung so kläglich gescheitert war, unternahmen wir nach ein paar Wochen wieder einen weiteren Versuch. Und dieser Versuch war erfolgreich. Nach sechs Wochen Krankenhaus war ich in der Lage ein Wochenende zu Hause bei meiner Familie in den eigenen vier Wänden zu verbringen. Und ich muss sagen, dass meine Frau Sabine und meine Söhne alles unternommen haben, um mir diesen Besuch zu Hause so angenehm wie nur möglich zu gestalten. Nach zwei weiteren Wochen im Krankenhaus und somit auch zwei weiteren Wochenenden zu Hause, wollten wir den Versuch des Krankenhausaustritts wagen. Und es hat funktioniert. Genauso wie es für mich im Landeskrankenhaus diese unzerstörbare Glaskuppel gab, die alles von mir fernhielt, genauso gab es diese ab sofort auch für mich zu Hause. Dort auf unserem Grundstück konnte ich sein, dort war ich jetzt auch sicher! Und was für mich ganz wichtig war, ich konnte Weihnachten im Kreise meiner Familie feiern, und es waren, wie ich glaube, meine schönsten Weihnachten!

Doch leider währte diese Sicherheit nur für die erste Zeit. Je mehr Tage verstrichen, desto mehr engte mich mein als sicher gewähnter Hafen wieder ein, mein Grundstück wurde kleiner und kleiner und bald schon würde meine so sichere Glaskuppel in tausend Scherben zerspringen und ich wäre mit einem Mal wieder verletzlich, ich wäre mit einem Mal wieder am Rande des Abgrunds. – Wo bleibt denn diese verfluchte Zusage für meine Aufnahme in die Klinik? Mein Zustand verschlimmerte sich von Tag zu Tag, immer schneller und schneller. Ich wurde immer apathischer, so lange, bis ich mich den ganzen Tag nicht mehr von der Stelle rühren konnte. Nach diesem kurzen Aufflackern von Hoffnung folgte jetzt ein **derber Rückschlag der uns alle wieder an unsere Grenzen brachte**. All die Symptome waren in ihrer vollen Intensität wieder zurückgekehrt, sie haben mich wieder eingeholt und von mir Besitz ergriffen. Es zog mich wieder in meine tiefsten Abgründe, es zog mich wieder in die Dunkelheit! – Und es gab noch immer keine Nachricht, noch immer keine Zusage! Meine Situation war für mich jetzt kaum mehr auszuhalten. Zum Schluss, es war Anfang Februar 2008, habe ich mir ein Limit gesetzt: „Wenn ich in den nächsten drei Tagen keine Zusage von der Klinik erhalte, dann gehe ich wieder in das Landeskrankenhaus, dann gehe ich wieder dorthin zurück, wo ich schon war, dorthin, wo es meine unzerstörbare Glaskuppel gibt!"

Dann, endlich, am dritten, am letzten Tag war sie da, meine Zusage. Diese Zusage, die ich so dringend brauchte. Aber meine Hoffnung wurde in der nächsten Sekunde fast wieder vollkommen ausgelöscht! Es würde nämlich noch dauern, bis ich an der Reihe war, es würde noch lange und harte vier Wochen bis zu meiner Aufnahme dauern! Aber ich habe auch diese Zeit überstanden! Meine Familie und jeder Tag, der dem 12. März 2008 näher rückte, gab mir wieder ein klein wenig Hoffnung. Hoffnung, die ich brauchte, um das alles überstehen zu können! Hoffnung für mein weiteres Dasein!

In dieser Klinik habe ich dann im Laufe der Zeit viele Menschen kennengelernt, denen Ähnliches und Gleiches widerfahren ist, die, die ähnliche und gleiche Symptome gehabt haben wie ich. Die, die gebracht wurden, von ihrem Ehepartner oder von ihren Eltern. Die, die schwer gezeichnet waren von ihrem Burnout und von ihren Depressionen! **Die, die wie ein Schatten ihrer selbst waren!** Ich habe sie erlebt, wie sie in die Klinik gekommen sind. Ich habe sie gesehen. Und ich habe auch ihren Blick gesehen. Ein Blick, der unendliches Leid zeigte! Der die Schmerzen von körperlicher und seelischer Vergewaltigung zeigte! Der zeigte, wie sie missbraucht worden sind, nicht anerkannt und gedemütigt wurden von ihren Arbeitgebern – von ihren Vorgesetzten – von ihrem Beruf – von ihren Arbeitskollegen – von ihren Eltern – von ihren Männern – von ihren Frauen – von ihren Kindern – von unserer Gesellschaft!

Ich habe sie gesehen – und sie haben auch mich gesehen!

Ich habe mit ihnen gesprochen – und sie haben auch mit mir gesprochen!

Wir haben zusammen gegessen und wir haben zusammen getrunken!

Sie haben mir ihre Geschichte erzählt – und ich ihnen meine!

Wir haben zusammen gelebt!

Wir haben zusammen gelacht, aber viel öfter geweint!

Wir haben uns in die Arme genommen und uns getröstet!

Wir haben uns in die Arme genommen und uns gehalten!

Gehalten, gehalten und gehalten!

Und schon nur das Halten war gut!

Ja, das Halten hat gut getan, es hat wirklich geholfen, zumindest für diese Zeit!

Und obwohl wir uns noch nicht lange kannten, kannten wir uns!

Wir waren wir!!

Und sie alle waren wie ich auf der Suche

Ja, sie alle waren irgendwann genauso auf der Suche wie ich. Auf der Suche nach einem Weg, der herausführt aus ihrem und aus meinem Elend! **Auf unserer verzweifelten Suche mit dem Ziel, endlich wieder normal sein zu können!** So, wie wir es früher immer waren, in unserem vorherigen Leben. Waren dies doch nicht auch schöne Zeiten gewesen? Trotz allem was geschehen war? War es nicht so? Dieses Zusammengehörigkeitsgefühl, diese tiefe innere Verbundenheit unterstützt durch die Ärzte- und Therapeutenschaft, ließ ein bisschen Hoffnung aufkeimen. Jene Hoffnung, dass ich meine Suizidgedanken nicht in die Tat umsetzen und jene Hoffnung, dass ich mich nicht selbst aufgeben würde. Aber noch war ich nicht so weit. Bei weitem nicht. Ich war noch immer am Boden, ich war noch immer zerstört und vernichtet und ich war noch immer kaum zu etwas fähig. Mein Burnout und meine Depression hatten mich noch immer voll in ihren Klauen und ich wusste noch immer nicht, wie es weitergehen würde!

* * * * * * * * * * * *

Kapitel 3

Aber irgendwann, irgendwann erreichte mich ein Gedanke in meinem tiefen schwarzen Loch!

Es dürfte so in der vierten, fünften Woche (Mitte April 2008) meines Klinikaufenthaltes gewesen sein. In einer Phase, in der ich noch immer dachte, dass für mich alles sowieso keinen Sinn mehr hat! Ohne, dass ich auch nur das Geringste dazu beitrug! Ein einziger, ein fix vorgefertigter Gedanke! Woher der auch immer kam, ich wusste es nicht! Ich weiß es auch bis heute noch nicht. Aber ich konnte nicht anders. Ich musste (!) ganz einfach über das Folgende nachdenken:

„Mir ist schon lange Zeit alles egal!"

„Eigentlich zu lange!"

„Was wäre, wenn mir weiterhin alles egal bleiben würde?"

„Wenn es so wäre, würde mir auch die Zeit egal bleiben?"

„Was soll ich dann tun?"

„Soll ich diesen zeitlosen Zustand einmal annehmen?

„Soll ich?"

„Und wenn ja, für wie lange?"

„Aber, für wen oder was soll ich das überhaupt tun?"

„Für wen?"

„Wofür?"

„Letztendlich ist mir sowieso alles gleichgültig!"

„Es spielt so und so keine Rolle!“

„Aber, was habe ich zur Zeit eigentlich noch zu verlieren?“

„Was?“

„Richtig, eigentlich nichts mehr!“

„Ich habe eigentlich nichts mehr zu verlieren!“

„Und darum könnte ich es einmal versuchen!“

„Warum nicht?“

„Ich werde es versuchen!“

„Ich werde ihn einmal annehmen, diesen zeitlosen Zustand!“

„Denn umbringen, umbringen kann ich mich später immer noch!!“

„Eigentlich immer!!“

„Wann ich will!!“

???

Und genau daraus wurde eigenartigerweise, wie ich allerdings erst viel später erkannt habe, mein erster, eigentlich richtungsweisender Gedanke geboren, nämlich:

„Ich lasse mir Zeit!“

„Ich lasse mir Zeit!“ Diesen Gedanken hatte ich anfangs nur einige wenige Male. Ich habe allerdings versucht, ihn zu meinem Leitgedanken zu machen! Ihn öfter zu denken! Manchmal ging es gar nicht, manchmal schon! Ansonsten aber auch immer wieder meine Symptome wie Leere – Antriebslosigkeit – Gedankenkreisen – Gedanken an den Tod!

Und irgendwann einmal habe ich aus dem „ICH LASSE MIR ZEIT!“ ein gemacht. Einfach so, es geschah ganz einfach! Ohne mein Zutun! An meinem Zustand aber änderte sich trotzdem noch nichts! Er blieb mir erhalten! So wie er war, blieb er mir erhalten, hartnäckig erhalten! Bei meinen Symptomen, die ich zu dieser Zeit noch hatte, ging es noch immer so weit, dass mir alles egal war und dass mich noch immer nichts berührte. Ich war noch immer vollkommen emotionslos und ich konnte noch immer keine Gefühle empfinden. Noch immer keine Gefühle für meine Frau Sabine, noch immer keine für meinen Sohn Oliver und noch immer keine für meinen Sohn Benjamin! Und das Schlimme daran war, dass ich wusste, dass ich sie immer über alles geliebt habe und dass es nie anders sein würde! – Aber jetzt? – Was ist jetzt? Aus diesem Grunde bin ich irgendwann in den Wald hinausgegangen, nur um mich wieder spüren zu lernen. Dort habe ich mich ausgezogen und habe mich nackt auf den Waldboden gelegt, ich habe mich von den Ameisen und Spinnen beißen und von den Gelsen und Fliegen stechen lassen, nur damit ich vielleicht wieder etwas spüren kann. – Ich habe mich splitterfasernackt in eiskalte Gebirgsbäche gelegt, um vielleicht irgendwann wieder etwas empfinden zu können, auch wenn es nur Schmerzen sind, um vielleicht irgendwann wieder zu bemerken, dass ich überhaupt noch am Leben bin. Ich habe so vieles versucht, nur um mich wieder spüren zu können!

? ? ? ? ?

Etliche Zeit später, wieder irgendwann einmal, habe ich das „ICH LASSE MIR ALLE ZEIT DER WELT!“ umfunktioniert in ein

„ICH LASSE MIR ALLE ZEIT DER WELT
UND ICH HABE ALLE ZEIT DER WELT!“

Meinen Symptomen war auch dies egal, sie blieben meine Begleiter! Sie wichen mir nicht von der Seite, weder am Tag noch in der Nacht! Sie waren da! Sie waren allgegenwärtig!

Wieder, irgendwann später einmal, ein anderer Gedanke: „Wenn ich mir alle Zeit der Welt lasse und ich alle Zeit der Welt habe, und mir auch weiterhin alles egal ist, dann kann mir auch mein Burnout egal sein! ICH kann mich eigentlich damit abfinden, wenn ICH will! Wenn ICH will! Und NUR, wenn ich will!"

„Wenn ich will, kann ich es akzeptieren!"

„Ja, ICH kann es so hinnehmen, wie es ist! Es hängt nur von MIR SELBST ab! Wenn ICH möchte! Warum sollte ICH es eigentlich nicht mögen? Was geschehen ist, ist geschehen! ICH kann es soundso nicht mehr ändern, es nicht mehr rückgängig machen! Also, was soll's? ICH VERSUCHE ES!" Dann musste ich daran denken, wie ich einmal in meiner Kindheit einen Bauern habe sagen hören: **„Es ist wie es ist! Es hat keinen Sinn, über verschüttete Milch zu jammern!**" Und dann war es da für mich!

Das war es! Genau!
Das war es wirkilich für mich!

Jetzt hab ich es begriffen. Und der Bauer hatte schon vor so langer Zeit diese klugen Worte gesprochen!

Jetzt verstand ich!

Ich verstand jetzt, warum ich meine Kindheit in einem Dorf auf einem Bauernhof verbracht habe!

Ich verstand jetzt, warum dieser Bauernhof wie ein Magnet für mich war. Ich verstand jetzt, warum ich der Erste und der Letzte im Stall gewesen bin!

Ich habe es nicht nur getan, weil es mir einen Riesenspaß machte

- mit dem Knecht in aller Herrgottsfrühe das Viehfutter auf der Wiese abzumähen!
- mit dem Knecht gemeinsam die Kühe zu füttern!
- die Kühe auf die Weide zu bringen!
- den Stall ungeachtet des Geruches auszumisten!
- den Ferkeln und den Schweinen ihren Trog anzufüllen!
- im Frühjahr gemeinsam die Kühe zu Fuß auf die Alm zu bringen!
- sie vor dem ersten Schnee wieder in den Stall heimzuholen!
- mit dem Pferd durch das ganze Dorf zu marschieren!

Weil es mir nicht nur einen Riesenspaß machte

- mit dem Traktor das Heu vom Feld auf den Anhänger zu laden!
- es dann mit dem Bauer, den Knechten und den anderen Kindern in die Scheune zu bringen!
- sich mit den Mädchen auf dem Heuboden zu verstecken!
- im Heu geheime Tunnels zu bauen!
- den Duft des Heugrases zu riechen, sondern auch das vom Heu ausgelöste Jucken zu verfluchen!
- vielleicht dort oben die Chance auf die Nähe eines Mädchens spüren zu können!
- oft gemeinsam und manchmal allein auf den Milchwagen zu warten!

Weil es mir nicht nur einen Riesenspaß machte

- gemeinsam in des Bauern Garten Erdbeeren und Stachelbeeren zu pflücken!
- mit den Mädchen aus dem Dorf im Obstgarten unter den Sträuchern zu liegen!
- mit den anderen von des Nachbarnbauern Rüben zu stehlen!
- unsere Beute dann irgendwo in einem unserer Verstecke genussvoll zu verzehren!
- gemeinsam im Wald ein Lager zu bauen!

Weil es mir nicht nur einen Riesenspaß machte

- auf Apfelbäume zu klettern, auf Birnenbäume, auf Kirschbäume, auf Tannen, auf Fichten!
- dort „Indianer“ zu spielen, mit selbstgemachtem Pfeil und Bogen, mit selbstgemachten Speeren, mit im Wald gefundenem Holz, das vielleicht so aussah wie eine Pistole oder ein Tomahawk!
- Birken anzubohren, um zu dem begehrten Birkenwasser zu kommen, das für die Haare so gut war und mit dem sich so mancher aus dem Dorf gerne eingerieben hat!
- gemeinsam mit den anderen den beiden Knechten Streiche zu spielen, sie in den Kuhstall zu sperren, ihre Peitschen zu verknoten oder Mist in ihre Stiefel zu stopfen!
- das Leben auf dem Lande zu genießen!

„Es ist wie es ist! Es hat keinen Sinn über verschüttete Milch zu jammern!“

Ich weiß es jetzt! Ich habe unter anderem aus diesem Grunde meine Kindheit in einem Dorf auf einem Bauernhof verbracht, damit ich mich irgendwann einmal an diese Worte wieder erinnern werde können! Dann, wenn ich diese Worte brauchen werde! Wenn ich sie wirklich brauchen werde! Und es war so! Ich habe sie tatsächlich gebraucht! Mehr als das! Ich hatte sie bitter notwendig!

Danach habe ich immer öfter versucht, über die Worte des Bauern und über meine Kindheit auf dem Land nachzudenken. Aber ich habe nicht nur nachgedacht, ich habe auch gedacht! Auf diese Weise habe ich gelernt, mein Burnout, meine Depressionen, mein gesamtes Krankheitsbild zu akzeptieren!

Ich habe es gelernt so anzunehmen, wie es ist!

Vollkommen egal, was die anderen dazu sagen könnten! Vollkommen egal, was die anderen sich eventuell über mich denken könnten! Die anderen waren mir auf einmal so etwas von egal! Die konnten mir alle den Buckel runterrutschen! Die sollen bleiben, wo sie sind und sollen gefälligst vor ihrer eigenen Tür kehren und mich in Ruhe lassen, die anderen! ICH BIN ICH!

Einige Zeit danach, wann immer das war, ein weiterer Gedankengang:

Was ist, wenn ich nun mein gesamtes Krankheitsbild akzeptiere?

Soll ich dann auch gleich mein gesamtes Leben akzeptieren?

Mit allem, was es darin gegeben hat?

Soll ich das tun?

Warum schon?

Wieso nicht?

Was verliere ich dabei?

Ich glaube nichts!

So gesehen spricht eigentlich auch nichts dagegen!

Vielleicht sollte ich es einfach einmal versuchen,
alles so anzunehmen wie es ist?

Einfach so?

Kann ich das?

Und irgendwann, weit danach, eine meiner ersten, großen Erkenntnisse:

Ja, ich akzeptiere!

„Ja, ich akzeptiere mein Leben! Ich akzeptiere das bis jetzt Gewesene! Und mit ‚bis jetzt Gewesene' meinte ich auch tatsächlich das bis jetzt Gewesene. Also nicht nur mein Leben, sondern wirklich alles!! Meine nähere Umwelt, auch diejenigen, die mich verleumdet, die gegen mich intrigiert und die mich gemobbt hatten, die mir Schlechtes wollten!" Doch nicht nur dies, ich akzeptierte auf einmal die ganze Welt so wie sie war! Ich konnte das Geschehene sowieso nicht mehr ändern! Es war so! Ob ich nun wollte oder nicht! **Es war ein Meilenstein für mich!** Es war kaum zu glauben. Nie und nimmer hätte ich mir vorher so etwas vorstellen können. Alles zu akzeptieren, so wie es ist!

Und genau mit diesem Akzeptieren, diesem Annehmen ließ ich mich wieder fallen!! Ich wollte meine tiefsten Tiefen erleben!! Ich wollte sehen, wie weit es mit mir noch nach unten geht!! Wie groß kann meine Leere noch werden?? Wie groß mein schwarzes Loch?? Wie groß meine Sehnsucht nach dem Tod?? Es war dann eigenartig, sehr eigenartig. Ich bin auf einmal nicht weitergefallen. Meine Bereitschaft, mich den neuen Tiefen hinzugeben, hat mich nicht weiter nach unten gezogen. Im Gegenteil. Diese Hingabe hat mir wie aus dem Nichts Vertrauen gegeben! Es hat mir **„Vertrauen in mich selbst“** gegeben. Und mit diesem Vertrauen in mich selbst veränderte sich auch noch etwas anderes in mir! Ich habe seit langer, langer Zeit wieder einmal so etwas wie eine gewisse innere Ruhe wahrnehmen können! Und es war angenehm! Diese innere Ruhe war wirklich angenehm! Sehr angenehm! Jeder, der selbst einmal in einer solchen Situation war, kann sich vorstellen, wie gut mir dieses Vertrauen in mich selbst getan hat! Wie gut mir diese innere Ruhe getan hat! **Es war Balsam auf meine Wunden!** Bei Gott, das war es!

* * * * * * * * * * * *

Kapitel 4

Was wollte ich weiter tun?

Dieses Gefühl der inneren Ruhe habe ich irgendwann versucht für mich zu nutzen. Ich war soviel wie möglich allein. Entweder in meinem Zimmer in der Klinik mit Aussicht auf das „halbe" Land oder an einem der ungestörten Plätze in den Wäldern, auf den Lichtungen oder auf den Wiesen. Die geografische Lage der Klinik war für mein weiteres Tun und Wollen ein optimaler Ausgangspunkt. Irgendwo in der Natur! Und

Diese Natur, ich kann nur sagen, war ein weiterer Meilenstein auf meinem Heilungsweg!

Ich habe diese Natur, so gut und so oft es ging, versucht für mich zu nutzen. Dorthin konnte ich mich zurückziehen und war ungestört! Kein unwichtiges Gerede und kein zermürbendes Schweigen! Kein lautes Weinen und kein derbes Lachen! Nur die Laute der Natur! Nur die Natur und ich! Ich und die Natur! Und ich habe sie genutzt! Genauso, wie ich in meiner Kindheit die Natur genutzt habe, so habe ich sie auch endlich als Erwachsener mit meinen 47 Jahren wieder zu nutzen begonnen! Endlich! Immer mehr und mehr! Immer intensiver und intensiver!

Hören!

Angefangen habe ich damit, die Natur hören zu wollen. All den Tönen und den Lauten im Wald, auf den Wiesen und auch jenen vom Himmel zu lauschen! Was höre ich da? Was sind das für Laute? **Was kann ich wahrnehmen?**

Der Gesang der Vögel war das Erste, den ich gehört und auf den ich mich konzentriert habe. Ich nahm zuerst den ganzen Vogelchor als Einheit, als Gesamtes wahr. Mit der Zeit war ich dann schon in der Lage, einzelne Vogellaute herauszuhören. Ich erkannte das Lied einer Amsel und das Krächzen einer Krähe, das Gezwitscher der Spatzen, das Singen der Drosseln und das Gurren der Tauben. Ich hörte aber auch ebenso die schrillen Schreie eines Bussards und das Klopfen eines Spechts an einem Baum genauso wie das Rauschen des Baches. Ich konnte immer mehr Laute um mich herum wahrnehmen und mir der verschiedenen Töne bewusst werden. Ich habe dem fröhlichen Summen der Bienen und dem tiefen Brummen der Hummeln gelauscht, die da auf ihrem Weg von einer Blüte zur anderen waren. Ich habe die Blätter und die Gräser rauschen hören, wenn der Wind seinen Weg durch sie genommen hat. Manchmal, nur manchmal hat der Schall von den riesigen Flugzeugen über mir die Geräusche der Natur übertönt, ansonsten war ich vollkommen in ihr! Auch das Zirpen der Grillen war zu hören. Es gab Zeiten, da habe ich geglaubt, die ganze Nacht besteht überhaupt nur aus dem Zirpen der Grillen. Von überall her Grillenzirpen, aus dem Boden, aus der Luft, aus dem Wald und aus den Wolken. Die Nacht war erfüllt von dem Konzert der Grillen, einem fast unglaublichen Konzert, das nur gespielt wurde von kleinen, harmlosen Grillen, die aber von Mutter Natur mit großartigen Instrumenten ausgestattet wurden, nur um solche Nächte zu ihren Nächten zu machen. In solchen Nächten war ich ihr Gast und ich hörte sie zu Tausenden spielen und ich lauschte hingebungsvoll ihrer Musik. Ich konnte mit einem Mal so viele Laute vernehmen und sie alle waren in ihrer Urform unverwechselbar, einfach faszinierend!

An anderen Tagen und in anderen Nächten habe ich wieder etwas anderes gehört, etwas Neues! Meine Ohren nahmen nun auch den Wind wahr! Meine Ohren haben nun auch die Stille, die mich umgab, gehört! Diese beruhigende Stille, von der eine so angenehme Ruhe ausging! Eine Ruhe, die mir gut tat, in der ich mich wohl fühlte! Und eine Ruhe, die ich nie wieder missen möchte! Nie wieder! – Denn – denn, es ist meine Ruhe und letztendlich ist es mein Leben! Und ich brauche beides! Es war auch eine vollkommen neue Erfahrung für mich, dass ich diese Ruhe, diese Stille mit einem Mal hören konnte. Denn bis dahin hatte ich gar nicht gewusst, dass ich die Stille hören kann! Das war etwas Neues für mich, etwas ganz Neues, denn immer, wenn es ruhig, wenn es leise war, meinte ich, dass ich nichts hören kann?! Ich höre nichts! Doch jetzt hörte ich sie, diese Stille und es war schön, sie zu hören. Es war schön, sich ihrer bewusst zu werden. Es war schön, sie zu verinnerlichen! Ganz tief zu verinnerlichen! **Langsam, ganz langsam begann ich wieder Boden unter meine Füße zu bekommen!**

Sehen!

Nachdem mich mein Hören in einen so angenehmen Zustand versetzt hatte, habe ich mir überlegt, was ich nun als nächstes versuchen sollte. Ich habe dann die Eigenschaften meiner Augen gewählt, weil ich bewusst sehen wollte! **Ich wollte nicht mehr wie ein Blinder durch die Gegend laufen!** Die Zeit für solche Veränderungen war angebrochen! Die Zeit war reif!

Das Einfachste, was ich zuerst tun konnte war, mich in eine Wiese zu legen und mir den Himmel anzusehen! Dieses klare und helle Blau des Himmels! Ein schönes Blau. Es sah freundlich und einladend aus. So einladend, dass ich glaubte, ich müsse nach dort oben hinauffliegen! Ich sah auch das Weiß der Wolken. Ein Weiß, dass das reinste Weiß war! So weiß, so rein, und ein solcher Kontrast mit dem Blau des Himmels! So harmonisch, so angenehm, so beruhigend! Ich dachte mich in diese weißen, so weichen und leicht federnden Wolken hinein, wie ich darin lag und mit ihnen und dem Himmel federleicht eine Einheit bildete, die Wolken, der Himmel und ich! So leicht, so einfach und so harmonisch. So ein Gefühl! An anderen Tagen sah ich aber auch die grauen und die schwarzen Wolken, ich sah den Regen hernieder prasseln und den Schnee vom Himmel fallen. Jedes Wetter konnte ich genießen, egal ob Sonnenschein oder Regen, egal ob Schnee oder Nebel. Für mich hatte jedes Wetter etwas Besonderes, für das es sich lohnte, bewusst zu sehen! Die Landschaft, die mich umgab, war eine, wie ich sie nur hier in meiner Heimat finden konnte! Ich war auf knapp 800 Meter Seehöhe und der Ausblick war traumhaft! Ich konnte weit über mein Heimatland blicken! Ich konnte über die grünen Berge, die sanften Hügel und über fruchtbare Ebenen schauen! Auf dieser Anhöhe mit diesem Überblick kam ich mir vor wie ein Indianer, der auf seinem Pferd sitzt und in die Weite seiner Prärie hinausspäht, und die ihn mit Stolz erfüllt, weil es sein Land ist! Sein freies Land, wohin sein Auge blickt und in dem er sich so bewegen kann, wie er will! Er und sein Stamm! In diesem Augenblick möchte ich ein Indianer sein, der erhobenen Hauptes durch die Prärie reitet und dort sein Leben leben kann! Sein Leben! Ich möchte ein Indianer sein!

Schmecken!

Beim Schmecken habe ich zuerst für mich nichts Besonderes finden können. Was soll da schon groß sein? Schmecken? Ja schon, aber ..? Eigentlich gibt's hier kaum etwas Richtiges für mich! Kaum etwas, womit sich bei mir etwas Grundlegendes ändern würde! Kaum etwas, das mir eine gewisse Erkenntnis bringen könnte! Nein, eigentlich nicht! Dann habe ich irgendwann einmal über **BUDDHA** und über seine Lehre über „**Das Leben im Hier und Jetzt**" gelesen, und dort habe ich auch gefunden, was ich suchte!

Sinngemäß stand dort geschrieben:

„Wenn ich Esse, dann Esse ich!"

„Wenn ich Trinke, dann Trinke ich!"

„Wenn ich Lese, dann Lese ich!"

Eben, das ist es! „Das LEBEN IM HIER UND JETZT!" Ab dieser Erkenntnis bedeutete Essen für mich: „Wenn ich esse, dann esse ich! Ich lese daneben nicht! Ich schaue nebenbei auch nicht fern, höre nebenbei kein Radio und verschiebe große Diskussionen auf einen anderen Zeitpunkt! Meine Gedanken sind bei jedem einzelnen Bissen! – Ich möchte schmecken, was ich esse! – Vielleicht schmecke ich dabei sogar etwas, was ich noch nie bemerkt habe? – Vielleicht ist überhaupt ein ganz neuer Geschmack dabei? – Vielleicht sogar einer aus einem anderen Land? Und genauso möchte ich es auch mit den anderen Dingen in meinem Leben halten! – Mit dem Fühlen, mit dem Denken, mit dem Lesen, mit dem Musikhören, mit dem Gehen, mit dem ..... ! Beim Essen habe ich zusätzlich bemerkt, dass ich viel mehr schmecken kann, wenn ich dabei die Augen leicht und locker schließe. Egal, was die anderen dazu sagten – was übrigens so und so nie geschah –, aber ich konnte viel intensiver schmecken als mit geöffneten Augen. Ich konnte mit einem Mal so viel mehr schmecken, weil ich es eben auch bewusst schmecken wollte, weil ich mir die Zeit gab, es bis zum letzten Bissen schmecken zu können, weil ich mich durch nichts und niemanden ablenken ließ.

Ich möchte auch nicht mehr so rationell und so wirtschaftlich denken, leben und handeln, so wie ich es bis jetzt immer getan habe! **Ich möchte nie mehr zwei, drei oder noch mehr Dinge gleichzeitig tun!** Das möchte ich nie mehr tun! Diese Zeiten gehören für mich der Vergangenheit an! Sowohl im Berufs- als auch im Privatleben! Damals hat es das noch gegeben, weil vielleicht keine Zeit geblieben ist. Weil vielleicht Druck vom Vorgesetzten oder vom Arbeitgeber gekommen ist. Weil man das nicht tut oder weil mir das von irgendjemandem, egal von wem, versucht wurde einzureden, dass es so sein muss und dass ich das doch nicht anders machen könne! Wenn andere das für sich haben und so leben wollen, bitte gerne! Wenn andere das einfordern und wenn andere das mit sich machen lassen wollen, ebenfalls bitte gerne! Mein Leben sieht ab heute wieder anders aus! Zum Glück sieht es jetzt anders aus!
Ich möchte und ich werde wieder

machen! In aller Ruhe und Gelassenheit und mit viel Freude! Ich werde mich nicht mehr hetzen und nicht mehr stressen lassen! Von nichts und niemandem! **Multitasking ist bei mir kein Thema mehr!** Bei **BUDDHA** war es keines und bei mir in meinem neuen Leben wird es auch keines mehr sein! Bei mir nicht mehr!

FÜHLEN!

Und so bin ich auch danach weiter in die Natur gegangen. Ich wollte meine, mir von der Natur mit ins Leben gegebenen Gefühle, die leider in der modernen Zeit von Jahr zu Jahr nicht nur immer mehr abgestumpft sind, sondern die ich auch immer mehr und mehr verloren habe, wieder finden. Ich wollte meine Gefühle wieder sensibilisieren und verstärken. Ich wollte sie suchen, finden und wieder zu dem machen, als was sie mir von Anfang an schon immer angedacht waren. **Ich wollte mich wieder zu einem Teil der Natur machen!** Ich wollte mich in ihr mit ihr bewegen, einmal so schnell und so voller Kraft, wie der riesige Fluss nach einem Wolkenbruch es tut, einmal so langsam und so vorsichtig wie Raubtiere es tun, wenn sie sich an ihre Beute heranschleichen und einmal so leise und so still verharrend, wie sich ein Rehkitz verhält, wenn es sich vor dem Feinde versteckt. Dann wieder einmal so voller Größe und so voller Stärke wie ein Bär, wenn er sich zum Kampf aufrichtet, ein anderes Mal so schnell und so flink, wie der Hase seine Haken schlägt und wieder ein anderes Mal so langsam, so bedächtig und doch so dauerhaft, wie Bäume es tun, wenn sie wachsen. Mit der Natur in der Natur, nur so werde ich überleben und dauerhaft leben können! Und nicht in der Natur gegen die Natur, und auch nicht ohne sie, denn wir alle wissen, dass wir ohne sie nicht überlebensfähig sind! Dort in der Natur habe ich auch die Sonne gespürt, ich habe sie auf jedem Millimeter meiner Haut gespürt, jeden Sonnenstrahl habe ich bemerkt. Ich habe ihre Wärme, ihre Kraft, ihre lebensspendende Energie und ihr

Licht, ich habe alles in mich aufgesogen, ich habe alles in mir gespeichert, ich habe ab heute alles in mir. Und wenn ich etwas davon irgendwann einmal brauchen sollte, dann kann ich es jederzeit hernehmen, ich kann es jederzeit aus mir herausnehmen. Wenn mich wieder einmal Kälte, egal welcher Art, umgeben sollte, dann hole ich mir so viel Sonne, so viel Kraft, so viel Wärme aus mir heraus, wie ich benötige. Ab heute kann ich das, weil ich alles in mir habe. Und allein das schon ist ein wunderbares Gefühl. Es ist ein erhabenes Gefühl. Aber auch den Wind habe ich verinnerlicht. Auch ihn habe ich gespürt, einmal schwächer, einmal stärker, einmal eiskalt und einmal lau. Und auch ihn habe ich in mir aufgenommen, auch ihn habe ich in mich aufgesogen, auch ihn habe ich ab heute in mir und auch auf ihn kann ich jederzeit zurückgreifen, wann immer ich ihn brauchen sollte. Auch er ist in mir, mit allem.

So abgehoben wie dies alles mit der Natur für viele vielleicht auch klingen mag, und für manchen ist vielleicht vieles auch nicht nachvollziehbar, aber in der Ausnahmesituation, in der ich mich zu dieser Zeit befand, war sie für mich ein ganz wichtiger Strohhalm, an dem ich mich anhalten konnte. **Letztendlich, und nur das allein zählte und zählt für mich, war ich hier, um die Natur und vor allem mich wieder spüren zu lernen,** denn ich war und bin nach wie vor überzeugt, dass ich auch sie verstehen muss, damit ich in der Lage bin, mich und mein Leben zu verstehen. Auf jeden Fall war ich um eine weitere Erfahrung, die mir gut tat, bereichert. Eigentlich wurde hier schon die Lawine losgetreten, die ich später nochmals erwähnen werde.

Gemeinsame Gespräche

Es war aber nicht nur die Natur, die mir auf meinem Weg zurück geholfen und mich unterstützt hat. Ich war ebenso mit anderen Mitpatienten aus der Klinik zusammen gewesen, gar keine Frage. **Die gemeinsamen Gespräche untereinander waren für mich äußerst**

wichtig! Diese gemeinsamen Gespräche haben enorm viel zu meinem Heilungsablauf beigetragen! Kein einziges davon möchte ich jemals missen! Es haben sich auch bei uns innerhalb kürzester Zeit fast unglaubliche Gemeinschaften und Freundschaften entwickelt. Gemeinschaften, die auf gegenseitiges Verständnis, auf Einfühlungsvermögen, auf Respekt und auf „für den anderen Zeit haben", beruhte. Wir haben oft stundenlang miteinander geredet und wir haben oft nicht weniger lange dem anderen nur zugehört, wir sind aber oft auch nur stillschweigend dagesessen und haben nur unsere bloße Anwesenheit gespürt. Und wir haben gemeinsame Spaziergänge gemacht, lange Spaziergänge. Wir haben aber auch „nein" gesagt. Wenn sich jemand nach einem „nein" oder nach Abstand sehnte, dann wurde dies auch akzeptiert, und das ohne Wenn und Aber. **DANKE Achim, Andreas, Anita, Armin, Birgit, Brigitte, Christine, Claudia, Claudia, Dietmar, Elisabeth, Elke, Florian, Gertraud, Herbert, Heribert, Herwig, Irmgard, Johann, Jürgen, Klaus, Margit, Maria, Rita, Robert, Sonja, Sonja, Thomas, Walter! Danke euch allen, ihr ward alle großartig!**

Krankenhaus und Klinik!

Aber auch das Krankenhaus und die Klinik waren mir eine große Hilfe. Schon allein, dass es einen strukturierten Tagesablauf, so eine Art Stundenplan, wie wir ihn aus der Schule kennen, gab. Es war etwas, woran man sich mit Hilfe der Therapeuten anhalten, woran man sich mit ihnen gemeinsam orientieren konnte.

Ein Tag in dieser Klinik (ähnlich jenem im Landeskrankenhaus) sah etwa so aus:

07.30 bis 08.00 Uhr	Täglicher Morgensport: mit Dehnen, Strecken, Kräftigen.
08.00 bis 09.00 Uhr	Ausgiebiges Frühstück (als Abschluss sehr oft Nutella auf Banane).

09.00 bis 10.00 Uhr	Tägliche Basisgruppe: hier konnte mit einer Therapeutin als Moderatorin alles angesprochen werden, was uns oder jeden einzelnen von uns beschäftigte oder auch nicht (auch Schweigen und nichts Sagen war in Ordnung).
10.00 bis 11.30 Uhr	Körperliche Aktivierung (2 x wöchentlich): meistens in Form von Nordic Walking. Ich konnte dieser Art der **Fortbewegung** bis dahin nie etwas abgewinnen. Es sah bei allen immer nur so aus, als ob sie ihre Stöcke spazieren tragen, anstatt sie mit Stockeinsatz zu gebrauchen. Abgesehen davon schien es bei den Einschulungen immer so, dass – sobald man Menschen zwei Stöcke in die Hand gibt – diese mit einem Mal das Gehen verlernen. Welcher Fuß muss vor, wenn die linke Hand hinten ist? Fürchten Sie sich nicht, es ist eine ganz natürliche Gehbewegung. Wenn man geht und die Hände einfach mitschwingen lässt, dann kommt es automatisch zum richtigen Bewegungsablauf. Es ist so, mit oder ohne Stöcke.
11.30 bis 13.00 Uhr	Entweder Genuss-Gruppe (1 x wöchentlich): hier wurde versucht, unsere Sinne wie Fühlen, Hören, Riechen, Schmecken und Sehen zu reaktivieren, damit wir sie auf diese Weise wieder bewusst erleben lernen können, oder die Ergo-Kreativ-Gruppe (2 x wöchentlich): in welcher von Schreiben, Zeichnen, Malen, Basteln und Werken alles möglich war, je nachdem, was einem in den Sinn kam oder zu dem er gerade fähig war. Oder

	Visite (2 x wöchentlich) oder
	Fachvorträge (1 bis 2 x wöchentlich): zum Beispiel unser Krankheitsbild betreffend oder
	Einzelgespräche (1 bis 2 x wöchentlich): hier wurde versucht in die Psyche jedes einzelnen zu gehen, ihn zu unterstützen und ihn zu führen.
13.00 bis 14.00 Uhr	Mittagessen, welches immer aus drei Menü-Vorschlägen bestand und auch meistens meinen Geschmacksinn getroffen hat.
14.00 bis 15.00 Uhr	Entweder reine Entspannungs- (Mediationen) oder An- und Entspannungsübungen (Jacobson) oder
	Massagen: leider nur 1 x wöchentlich und das nur eine halbe Stunde oder
	Gruppenaktivität (1 x wöchentlich) auch immer über 90 Minuten: hier soll die Gruppe sich selbst organisieren und etwas gemeinsam unternehmen lernen (spazieren gehen, Kaffee trinken, Ausflüge machen etc.)
15.00 bis 17.00 Uhr	Tai Chi, Qi Gong (1 x wöchentlich) oder
	Musiktherapie (1 x wöchentlich): unter professioneller Anleitung konnte man sich hier im Musik machen üben. Es standen uns die verschiedensten Instrumente zur Verfügung und es war jedes Mal eine amüsante Herausforderung, immer ein neues auszuprobieren und zu hören, was die Gruppe gemeinsam so an Musik hervor-

bringt. Und wir waren nicht selten überrascht, wie klangvoll und harmonisch wir oft miteinander musiziert haben, obwohl die meisten derartige „Geräte“ nur vom Anschauen kannten. Oder

Tanztherapie (1 x wöchentlich): hier wurden alle Tanzarten angeboten, die einem guttun, egal ob solo oder mit einem Partner oder in der Gruppe. Alles war möglich.

Es war aber auch oftmals nicht möglich, an diesen Therapien teilzunehmen, weil man eben wieder einen Rückfall hatte, weil es einem gerade wieder schlechter ging oder weil es gerade notwendig wurde, die Medikamentendosis umzustellen. Aber dies alles war nie ein Thema, man konnte sich immer auf sein Zimmer zurückziehen, entweder allein oder man konnte auch hier wieder auf die Hilfe eines Therapeuten zählen.

* * * * * * * * * * * *

Kapitel 5

Meine Suche nach dem Sinn des Lebens?

Doch trotz alledem, trotz dieser vielen Möglichkeiten, die mir in der Klinik geboten wurde – ich habe trotzdem versucht „für mich zu sein“, „für mich zu sein, um nachzudenken“ und „für mich zu sein, um zu denken!“ All das war zu dieser Zeit bestimmt nicht so leicht! Doch ich habe es einfach versucht! Ich hatte mir ja jetzt alle Zeit der Welt gegeben und ich akzeptierte alles, was geschehen war! Dies zusammengenommen war für mich einmal ein riesengroßer Schritt in die richtige Richtung! Darauf konnte ich weiter aufbauen! Auf diese Weise wollte ich weitermachen und ich wollte mehr davon!

Ich habe mich zu dieser Zeit, es war Mitte Mai 2008 und die neunte Woche in der Klinik, also gute sieben Monate nachdem ich damals zu meinem Arzt gegangen war, auf die Suche gemacht! Auf die Suche nach dem Sinn des Lebens! Auf die Suche nach dem Sinn meines Lebens! **Aber um ihn zu finden, musste ich zuerst wissen, warum ich heute hier bin!** Warum ich heute da bin, wo ich bin! Warum ich genau da stehe, wo ich stehe? Und ich habe nachgedacht! Sehr viel nachgedacht! Und heute weiß ich auch, warum mein Leben so verlaufen ist, wie es ist! Es ist mir so vieles klar geworden und ich bin dankbar dafür! Sehr dankbar!

Heute weiß ich, warum mir in meinem Leben all das geschehen ist, was geschehen ist! Warum ich all die tollen und auch die schrecklichen Erlebnisse gehabt habe!

Warum mein Leben mit jungen 25 Lebensjahren durch eine lebensbedrohende Krankheit schon gelebt schien!

Warum ich mit 35 Lebensjahren mit einem beidseitigen Lungeninfarkt schon wieder in die Nähe des Todes kam!

Warum ich mit 45 Lebensjahren mit diesem Burnout und diesen Depressionen ein drittes Mal an der Schwelle des Todes stand!

Und die Zeichen beim dritten Mal waren noch eindeutiger als jemals zuvor! Zusätzlich, zu all den Symptomen meines Burnouts und meinen Depressionen, hatte ich in jener Nacht von Dienstag auf Mittwoch laut einer ärztlichen Diagnose den **NAHTOD** erlebt! Die Diagnose eines anderen Arztes sprach von einer **„DISSOZIATION"!** Eine dritte Expertin erklärte mir, dass sie darin eine „länger- und eine kurzfristige **METAMORPHOSE**" erkennen kann! Die längere entspricht dem Zeitraum von meinem 25 Lebensjahr an, und die kürzere von meinem totalen Zusammenbruch von vor 7 Monaten bis zum Erlangen meiner Erkenntnisse von „Warum, Weshalb, Wieso"! Eine vierte erklärte mir, dass ich **diese Nacht so nehmen müsse, wie ich sie selbst gesehen und empfunden habe!** Eine andere sprach von **„DEPERSONALISIERUNG"!** So viele Meinungen!!! Alle von Experten!!! Aber was trifft tatsächlich auf mich zu??? Was???

Ich konnte in dieser Nacht in der Klinik, wenn ich wieder einmal versuchte, ohne Medikamente zu schlafen, kein Auge zu machen. Gegen ein Uhr in der Früh überkam mich ein eigenartiges Gefühl. Ich spürte ein Kribbeln, beginnend unterhalb der Brust bis in den letzten Millimeter meines Kopfes – und bevor ich überhaupt fertigdenken konnte, was in diesem Moment eigentlich abläuft, konnte ich mich schon nicht mehr bewegen! Keinen einzigen Zentimeter konnte ich mich mehr bewegen! Ich wollte nach der Schwester läuten – aber keine Chance auch nur den kleinsten Finger zur Klingel hin zu bekommen! Ich wusste nicht, was ich tun soll! Ich habe noch nie so etwas erlebt! Es war mir völlig fremd. Zudem ist dieses Kribbeln immer stärker und stärker geworden. Ich habe auch immer mehr und mehr bemerkt, dass der Abstand zum Leben immer größer und größer wird, und dass ich da in irgendetwas mir vollkommen Unbekanntes vordringe.

Irgendwann, ich weiß nicht, wie lange dieser Zustand schon angehalten hatte, habe ich mich aufraffen können, dagegen anzukämpfen! Ich wollte weg davon! Ich wollte weg von hier! Ich wollte wieder zurück in den Zustand, den ich als Leben kenne, in das mir bekannte Leben! Ich wollte dorthin, wo ich mich auskenne! – Und irgendwann war ich wieder zurück! Ich war wieder da. Jetzt konnte ich endlich nach Hilfe läuten! Jetzt konnte mir endlich jemand beistehen und mir erklären. Ich war in meinem Leben noch nie so über den Anblick einer Krankenschwester erfreut gewesen wie in diesem Augenblick. Trotz dieser Vorkommnisse war ich ganz ruhig und gelassen. Es gab keine Angst, kein Zittern und keine Panik, mein Puls war normal. Keine Anzeichen von irgendetwas, so, als ob nichts geschehen wäre!

Später, es dürfte so gegen 3.00 Uhr in der Früh gewesen sein, als die Schwester mich schon lange wieder allein in meinem Zimmer zurückgelassen hatte, war es plötzlich wieder da, dieses Kribbeln, dieses Vibrieren. Nur viel stärker und viel intensiver, viel fordernder und energischer, als es das erste Mal war! Ich konnte auch diesmal wieder nicht auf mich aufmerksam machen, konnte nicht rufen, war bewegungsunfähig, so dass es mir wieder nicht möglich war, nach der Schwester oder einem Arzt zu läuten! Aber ich spürte es, es wollte mich, **„Es“ wollte mich haben** und „Es“ wollte mich nicht mehr hergeben! Ich erlebte dies alles bei klarem Verstand, bei vollem Bewusstsein! Ich spürte es so stark wie ich noch nie zuvor etwas gespürt habe! Ich spürte mit einem Mal, so muss sich der Tod anfühlen! So muss sich Sterben anfühlen! Genauso ist es, wenn du dich auf den Weg in das Jenseits machst. Genauso ist es, wenn du vom Leben Abschied nimmst, wenn du es hinter dir lässt! So ist es!

„Das ist Sterben!“

Ich sah auch keine Begrenzung mehr, ich sah nicht, wo hört Leben auf und wo beginnt der Tod, ich spürte nur, dass ich mich von meinem Leben immer weiter entfernte. Je weiter ich mich entfernte, desto heller leuchtete das Licht um mich herum, **Blitze begleiteten anfangs meinen Weg!** Ich spürte, jetzt ist es soweit! Jetzt sterbe ich! Ich begann mich von meiner Familie zu verabschieden, von meiner Frau Sabine und von meinen beiden Söhnen Oliver und Benjamin! Ich dachte, schade, jetzt ist es soweit! Schade, es war gerade so schön hier! Ich hatte vor, noch so vieles zu tun, ich hatte vor, mein neues Leben zu leben! Ich hatte noch vor, meine Visionen zu verwirklichen! Niedergeschrieben habe ich sie, aber verwirklichen kann ich sie selbst leider nicht mehr! Jetzt ist es zu spät! Es ist zu spät für mich! ICH kann es nicht mehr tun!

Und irgendwann die Gedanken: **„Nein, ich will nicht sterben!** Es ist noch zu früh für mich! Viel zu früh! Ich will nicht sterben! Ich will leben! Ich will leben! Ich will leben!"

„Ich will leben!"

Und der Weg zurück begann! Aber der Weg zurück war hart, extrem hart. Er war nicht so leicht wie Sterben! Ich spürte, wenn ich es wirklich zurück schaffen wollte, dann durfte ich keine Zehntelsekunde in diesem Kampf nachlassen! Ich durfte keinen Millimeter nachgeben, denn sonst wäre es tatsächlich um mich geschehen. Es war fürchterlich für mich zu spüren, welche Gewalt sich mir da entgegenstemmte, die unbedingt meine Rückkehr in mein Leben verhindern wollte. Es war kein körperlicher Kampf, kein bisschen, ich spürte meinen Körper auch nicht mehr, so, als ob es ihn gar nie gegeben hätte! **Es spielte sich ausschließlich auf gedanklicher, auf geistiger, auf seelischer Ebene ab!** Ich habe keine Ahnung, wie lange dies alles dauerte, aber letztendlich schaffte ich es doch! Ich habe nicht nachgegeben und ich habe nicht aufgegeben! Unter größtmöglichen Anstrengungen habe ich es geschafft, wieder ins Leben zurückzukommen! Ich war wieder hier! Es war mir gelungen wieder zurückzukommen! Die sehr lange, noch verbleibende Zeit bis zum Morgen lag ich wach und nachdenkend in meinem Bett.

Meine Gedanken ließen nichts anderes zu als mich zu fragen, zu fragen und zu fragen:

„Was war heute Nacht geschehen?“

„Was hatte das alles zu bedeuten?“

„Bin ich jetzt komplett verrückt?“

„Dreh ich jetzt total durch?“

„Habe ich das alles nur geträumt?“

„War das nur ein böser Traum?“

„War das tatsächlich der Tod?“

„War ich wirklich schon im Jenseits oder zumindest auf dem Weg dorthin?“

„War ich wirklich stärker als der Tod?“

„Habe ich den Tod heute Nacht tatsächlich besiegt?“

„Was? Was?“

Die Vorkommnisse in jener Nacht waren natürlich bei dem nächstfolgenden, täglichen Morgen-Meeting der Ärzteschaft das Thema Nummer 1. Die Stellungnahmen und Meinungen der Ärzte und Therapeuten im Laufe des Vormittags waren, wie gesagt, unterschiedlichster Natur, sie waren alle wahrlich sehr bemüht. Ich danke der hohen Medizin von ganzem Herzen, aber trotzdem, in dieser Angelegenheit konnten sie mir kaum helfen. Ich habe es gespürt, niemand konnte mir dabei helfen! Niemand! Denn das konnte zu diesem Zeitpunkt nur einer tun – und dieser Eine war ich allein!

In der Ruhe liegt die Kraft

Nach diesem Erlebnis mit dem Jenseits habe ich mich wieder zurückgezogen und habe wie schon erwähnt, sämtliche Therapien für die nächsten zwei Tage abgesagt. Ich brauchte Zeit für mich, um verstehen zu können, was in jener Nacht überhaupt geschehen war und ich brauchte Zeit um nachzudenken. Und auch jetzt habe ich mir wieder alle Zeit der Welt gegeben und auch jetzt habe ich wieder die Natur gesucht. Irgendwann, als ich dort gerade tief in meine Gedanken versunken war, ist mir eingefallen, dass mein Vater einmal zu mir gesagt hat:

In der Ruhe liegt die Kraft

Ich konnte mich aber nicht erinnern, von wem das war. Es spielt für mich aber auch keine Rolle, wer das zu allererst gesagt hat, wichtig war nur, dass er es gesagt hat. Mein Vater beschäftigt sich schon seit über 30 Jahren mit dem Unterbewusstsein, mit den Meditationsarten, mit der Atmung und mit den Weltreligionen! Er weiß über die großen Philosophen und Anthroposophen Bescheid und er kennt sich in der Physik, der Quantenphysik und den Naturwissenschaften aus! Seine Werke und seine Aufzeichnungen darüber sind, wie ich finde, grandios und ich möchte es ihm auf diesem Wege noch einmal sagen! Diese Erinnerung an seine Aussage hat mich dann zu folgendem Gedanken inspiriert: „ATME UM ZU LEBEN UND LEBE UM ZU ATMEN!“ Na klar, ich muss beides tun! Eines kann ohne das andere gar nicht sein! Ich muss atmen, damit ich überhaupt leben kann, und ich muss leben, damit ich atmen kann!! Aber unter „Atmen“ verstehe ich tief und bewusst atmen, so lange atmen, bis ich meine innere Ruhe empfinden kann! So lange, bis ich mein Leben spüren kann! So lange, bis ich mich spüren kann! Und dies hat bei mir bewirkt, dass ich auf einmal langsam und bewusst atmen musste! Tief einatmen und tief ausatmen musste! Tiefer und tiefer, länger und länger! Und irgendwann habe ich sie dann zu spüren begonnen, diese Kraft. Zuerst nur ganz leicht und nur ein wenig, später aber dann immer mehr. In der Ruhe liegt meine Kraft, sowohl mein geistige und mentale Kraft als auch meine körperliche. Ich habe diese Erfahrung mittlerweile schon oftmals am eigenen Leib verspüren können. Ich habe zum Beispiel an dem Buch, welches ich in den letzten drei Wochen in der Klinik zu schreiben begonnen habe, nach meinem dortigen Aufenthalt zu Hause weitergeschrieben. Ich saß in meinem Garten und schrieb. Und oft schrieb ich den ganzen Tag, von morgens bis spät in die Nacht hinein, oft bis Mitternacht, oft bis ein oder zwei Uhr in der Früh, und manchmal war es sogar auch drei Uhr geworden. Es gab dann allerdings auch Tage, in denen ich keine einzige Zeile geschrieben habe. Aber so wie es war, war es gut. Meine Ruhe gab mir diese Kraft zum Schreiben.

Ich habe aber auch, kurze Zeit nach meinem Klinikaufenthalt (Ende Juni 2008), bei mir zu Hause im Garten einen Teil des Schilfes ausgegraben. Zuerst habe ich es auf eine knappe Höhe gekürzt und es anschließend mit einer Spitzhacke bis in 30 cm Tiefe aufgehauen. Das abgeschnittene und auf diese Weise freigewordene Schilf habe ich auf einen Hänger, der vor dem Haus stand, verladen. Anschließend habe ich den Boden mit der Spitzhacke wieder weiter aufgehauen und nach den Restwurzeln gegraben.

Das alles habe ich bei Temperaturen von über + 30° Celsius gemacht, doch immer in Ruhe und in langsamen, gleichmäßig fließenden Bewegungen. Arbeitszeit insgesamt etwa zehn Stunden, immer während der Mittagszeit, insgesamt drei Einheiten. Und ich war verwundert, wie leicht das alles ging. Ich habe mich überhaupt nicht anstrengen müssen. Die Bewegungen vom Ausholen mit der Spitzhacke, vom Zuschlagen bis zum Herausziehen waren ohne Kraftaufwand, ohne Mühe. Es waren fließende, ineinandergreifende Bewegungen. Ich hätte durchaus Stunden noch so weiter arbeiten können, ohne dass es mir Mühe bereitet hätte. Und das, obwohl ich in den letzten eineinhalb Jahren nicht in der Lage war, mich körperlich und arbeitsmäßig auch nur irgendwie zu betätigen. Mein Puls nach dieser Arbeit entsprach ziemlich genau meinem Ruhepuls. Und ich habe jede einzelne dieser Bewegungen genossen, ich habe diese spielerische Leichtigkeit gespürt! Und genau das versuche ich auch heute noch und werde es auch in Zukunft immer wieder versuchen, so lange ich lebe! Ich werde versuchen es zu verinnerlichen! Tief und bewusst zu atmen! Dieses tiefe Atmen gibt mir das, was ich brauche! Es gibt mir meine innere Ruhe, die mir wiederum ein Leben gibt, wie ich es mir vorstelle, damit ich es in aller Ruhe und Gelassenheit leben kann!

Wenn es mir in der Zeit meines Heilungsprozesses in meinem Umfeld oft zu hektisch wurde, wenn ich innerlich unruhig und getrieben war, dann hat mir das oftmalige Wiederholen der Suggestion „ICH BIN RUHIG UND GELASSEN“ geholfen, etwas ruhiger zu werden! Zumindest irgendwann so ruhig zu werden, dass ich meine anderen Suggestionen machen konnte, die mich wieder in mein wahres Leben brachten, in mein Leben der Ruhe und Gelassenheit!

Ich habe auch versucht, mein bisheriges Tempo aus meinem Leben völlig herauszunehmen. Es aus meinem kompletten Leben zu streichen! In meinem bisherigen gab es ganz viel Power, viel Kraft und viel Muskeleinsatz! Diese Zeiten sind jetzt vorbei! Ab heute versuche ich alles langsam und in Ruhe zu machen! Egal ob es das Atmen ist, das Gehen oder das restliche Handeln. Jede einzelne Bewegung mache ich in Ruhe und Gelassenheit. Ich versuche dabei, so locker und so leicht wie nur möglich zu sein! Ich versuche es fließen zu lassen, alles ohne Kraft- und Muskelaufwand zu tun! Und es funktioniert mittlerweile nicht nur sehr gut, sondern es funktioniert immer besser und besser! Mein Leben soll ein Fließen sein! Mein Leben wird ein Fluss sein! Viele Suggestionen habe ich im Laufe der Zeit nach und nach für mich aufgemerkt und sie haben mir persönlich, wie ich glaube, geholfen. Sie haben mir geholfen, mit meinem Burnout und mit meinen Depressionen umzugehen, und sie haben mir geholfen, mit ihnen zu leben! **Und ich weiß, dass meine Suggestionen oder, besser gesagt, meine Gedanken und mein Glaube an sie dazu beitragen werden, mich irgendwann sogar ganz von meinem Krankheitsbild zu heilen! Wann auch immer das sein mag, aber es wird so sein!**

Kapitel 6

Denken, Lesen, Denken

Wenn ich darüber nachdenke, war ich für mich, seit meiner Geburt, die ganze Zeit „auf Wolke 7"! Ich war immer obenauf, und mein Leben war schön. Und jetzt, jetzt war auf einmal alles ganz anders. Ich war unten! Und ich war bereit, noch tiefer zu gehen! Bereit, noch weiter nach unten zu fallen! Ich war für alles bereit! Doch, ich fiel nicht weiter! Ich blieb auf diesem Niveau! Eigenartigerweise stabilisierte ich mich! Ich weiß auch nicht warum, aber es war so! Einige Zeit später, irgendwann einmal, ein ganz kleiner Lichtblick! Plötzlich! Aus dem Nichts! Ein kleiner Gedanke! Dieser kleine Gedanke ist ganz langsam, ganz, ganz langsam mehr geworden! Ich habe es in der ersten Zeit gar nicht bemerkt, dass da etwas mehr geworden ist! Aber es war so! Es schien so, als ob sich hier in mir etwas entwickeln würde! Und tatsächlich! Es entwickelte sich etwas! Und dieses „Etwas" wurde etwas mehr! Und später wurde es wieder etwas mehr! Wann auch immer das war, ich fing an nachzudenken! Nicht zu grübeln, sondern nachzudenken! Und wie gesagt, ich habe nicht nur nachgedacht, ich habe auch gedacht! Einmal habe ich gedacht: „Vielleicht sollte ich öfter in die Natur hinaus gehen, und versuchen sie zu spüren, sie zu fühlen??" Dann meine Entscheidung! Ja! Genau! Das ist es! Das machst du! Und ich folgte meinen Gedanken und ging!

Irgendwann später habe ich auch gedacht: „Vielleicht soll ich ein Buch in die Hand nehmen und es zu lesen versuchen?" Nach etlicher Zeit wiederum mein Beschluss! Ja! Genau! Das ist es wieder! Das machst du! Nimm ein Buch und lies es! Lies etwas über dein Krankheitsbild! Lies etwas über Burnout und Depressionen! Oder über Gott, über Jesus oder über Buddha! Auf einmal war diese Lawine losgetreten! Zwar nur eine langsame, aber immerhin, sie war losgetreten! Jetzt war ich bereit! Bereit, mich auf die Suche nach dem Sinn des Lebens zu machen! Bereit, mich auf die Suche nach dem Sinn MEINES Lebens zu machen!

Das erste Buch, welches ich zu jener Zeit versucht habe zu lesen, war die **BIBEL**. Ich las das Alte und das Neue Testament. Sie war Hoffnung für mich. Sie war der Strohhalm, den ich suchte! Wo könnte ich mehr über das Leben erfahren als in ihr! Wo sonst könnte ich mehr Hilfe bekommen als in ihr? Doch ich wurde enttäuscht! Das Alte Testament bestand nur aus Morden, aus Töten, und aus Schlachten! Wie konnte Gott so etwas befehlen?? Befehlen, Kinder und Frauen zu töten?? Befehlen, ganze Völker auszurotten?? Wie konnte so ein Gott jemals mein Strohhalm sein?? Ich hatte keine Ahnung, ich wusste nur, dass ich mit so einem Gott nichts zu tun haben mochte!

Das Neue Testament hat mich zum Überlegen gebracht. Hier konnte ich Dinge, die besonders **JESUS** betrafen, für mich „herausnehmen", die waren schlüssig für mich, an die konnte ich glauben. Doch in Bezug auf das Christentum blieben Fragen und, wie ich meine, entscheidende Fragen. Aber dennoch, dank Jesus, ein Anfang war gemacht!

Und so ich begab mich weiter auf meine Sinnsuche! Ich blieb vorerst einmal beim Glauben. Mein nächstes Buch, das ich las, handelte von **BUDDHA**, von seiner Suche und seiner Entwicklung, von seinen Lehren und seinem Leben. Und in diesem Buch habe ich viel finden können. Es war schon sehr überzeugend für mich gewesen. **Hier spürte ich die Ruhe, die Gelassenheit, das Vertrauen! Auch die Kraft und die Stärke waren für mich wahrnehmbar!** All diese Dinge habe ich dann versucht ganz langsam in mein Leben einfließen zu lassen! Immer mehr und mehr.

Ein ganz besonderes Buch war für mich „Siddhartha" von Hermann Hesse. Ich habe es von einer Therapeutin, Uli, nochmals vielen Dank, zum Lesen bekommen. Hermann Hesse sprach von Siddhar-

tha, den er über den uns bekannten Buddha stellt. Beide, Buddha und Siddhartha, wurden erleuchtet. Beide erreichten Nirwana. Doch jeder auf einen ganz anderen Weg! Der eine ausschließlich durch Meditation und Verzicht. Der andere durch das Studium der Lehren von den Weisen. Danach durch das Leben in der Askese und dann wiederum auch durch das Auseinandersetzen mit der Lehre des Buddhas. Als nächstes durch das selbstständige Erleben von allem Weltlichen wie Freude, Liebe und Dankbarkeit, aber auch von dem Gefühl Geld und Macht zu besitzen, nur um zum Schluss von Sucht, Gier, Hass und Verzweiflung getrieben, dem allen wieder abzuschwören. Als er sich von allem Weltlichen wieder getrennt hatte, erlebte er – nachdem sein elfjähriger Sohn, von dem er nicht wusste, dass es ihn gibt – die Freuden eines liebenden Vaters. Doch er fühlte auch den Schmerz, als ihn dieser gegen seinen Willen wieder verlässt. Doch letztendlich erlangte er seine Erleuchtung! Nach allem, was er in seinem gesamten Leben versucht hat. Nach allem, was er erlebt und durchgemacht hat, erreichte er Nirwana. Sein Ziel! Sein endgültiges Ziel! So wie Buddha sein Nirwana erreichte, erreichte es auch Siddhartha! Zwei vollkommen unterschiedliche Wege, aber beide zielführend! Führen tatsächlich alle Wege nach Rom?
Durch dieses Gefühl, das ich beim Lesen von „Siddhartha" und auch nachher empfand, blieb ich weiter beim Glauben. Zu diesem Zeitpunkt dachte ich mir, dass auch ich meinen Glauben finden will und ihn auch finden werde! Egal wo! Egal wann! Denn ich gebe mir alle Zeit der Welt und ich habe auch alle Zeit der Welt!

Als Nächstes las ich von den **ZEUGEN JEHOVAS**. Anfangs dachte ich: „Das klingt interessant. Ich glaube, das könnte für mich passen. Sie erklären einfach und glaubhaft als Einzige, wer und warum hier auf der Erde die Macht hat. Warum überhaupt all das Grauenhafte hier auf Erden geschieht! Warum u. a. unschuldige Babys und kleine Kinder so früh sterben müssen!" Viele gute, zusammenhängende und einfache Erklärungen. Auch habe ich nirgendwo solche Überzeugung im Glauben gesehen wie bei den Zeugen Jehovas. Aber im Laufe der Zeit relativierte sich für mich auch hier wieder einiges. Die geforderten Lebenseinstellungen, die weit über die Zehn Gebote hinausgehen, um einen Platz in Gottes Neuem Reich zu bekommen, konnte ich ebensowenig nachvollziehen wie gewisse Auflagen für ihre Mitglieder, die ebenfalls notwendig sind, um in Jehovas Welt aufgenommen zu werden. Wie dem auch sei, jedem sein Glaube! Und so suchte ich weiter!

Anschließend begann ich über den **HINDUISMUS** und über **die Lehren des MOHAMMED** zu lesen. Leider bin ich hier für mich nicht fündig geworden, hier hat sich für mich zu diesem Zeitpunkt noch nichts Greifbares ergeben. Allerdings später einmal, irgendwann, habe ich erkannt, dass alle großen Weltreligionen eine gemeinsame Grundlage haben. Es gibt eine gemeinsame Grundlage, von der alle großen Weltreligionen ausgehen. Nämlich die der Liebe!! Letztendlich bin ich also auch im Hinduismus und in den Lehren Mohammeds für mich fündig geworden. Denn auch dort geht es um die Liebe.

Sie sehen: „Gut Ding braucht Weile!“ Oft dauert es bei mir einfach ein wenig. Es braucht ein bisschen Zeit. Oft dauert es etwas länger und oft dauert es nicht so lange! Aber was spielt Zeit für mich schon für eine Rolle?!

Und so begab ich mich wieder weiter auf meine Suche! **Ich habe weiter gelesen. Gelesen, gelesen und gelesen!** Über Burnout! Über Depressionen! Über Angstzustände! Über den Tod und über „Ein Leben danach“! Oder über „Die Macht der Gedanken“, über „Die Kraft der Liebe“! Oder über „Das Geheimnis“, über „Das Gesetz der Anziehung“ und das der „Aktion = Reaktion“. Über „Die Kunst des Loslassens“, über „Universelle Gesetzmäßigkeiten“ und auch über die „Großen Philosophen“ wie Aristoteles, Platon und Sokrates. Über Einstein, J.E. Charon und Marc Aurel! So gut es ging! So oft es ging! Oft ging es gar nicht oder nur ein wenig, dann aber wieder auch so manche Stunde. Aber es war gut so! Ich merkte es, langsam, ganz langsam. Mit der Zeit fing ich wieder an, „etwas“ in mir zu fühlen! Es begann sich „etwas“ in mir zu verändern! Konnte es sein, dass wieder Leben ganz langsam in mich zurückkehrte? Konnte es sein, dass ich mich wieder zu spüren begann? War das möglich? Und ich ging weiter diesen Weg, denn ich hatte ja Zeit! Unendlich viel Zeit!

* * * * * * * * * * * *

Kapitel 7

Warum ist mein Leben so verlaufen, wie es ist?

Durch die Zeit, die ich mir gab, kam ich irgendwann auf den Gedanken, ich möchte jetzt wissen, warum mein Leben so verlaufen ist, wie es ist! Warum gerade so und nicht anders?? Warum habe gerade ich das alles auf der einen Seite erleben dürfen und auf der anderen Seite erleben müssen?? Warum ich und nicht ein anderer? Es gibt so viele andere, denen das alles hätte passieren können! Warum also mir? **Wer hält hier in meinem Leben die Zügel in der Hand?** Wer dreht hier an den Zahnrädern? Wer bedient bei mir die Hebel?

Wer? Wer?

Ich will es wissen und ich werde es erfahren! Ich bin mir dessen sogar sicher, dass ich es erfahren werde!

Mein Weg zu meinen Erkenntnissen

Ich bin irgendwann für mich zu dem Entschluss gekommen, dass MEINE GEDANKEN in meinem Leben eine ganz besondere Rolle gespielt haben! Warum aber ausgerechnet Gedanken? Gibt es da nicht vieles andere mehr, was wichtiger erscheint? Es gibt so viel Interessantes auf unserer Welt! Warum müssen es gerade Gedanken sein? Wir haben heute so viele faszinierende und moderne Dinge, und dann sollen es nur Gedanken sein? Ich kann es mir eigentlich nicht vorstellen. Ich habe zwar schon einiges gehört, dass es sowas mit Gedanken in verschiedenen Ausprägungen geben soll, aber so richtig hat mich das bis jetzt noch nicht betroffen. Und so recht glauben mochte ich damals auch noch nicht an Gedanken und ihre möglichen Auswirkungen! Und wie es mich überraschenderweise doch betroffen hat, möchte ich Ihnen nun erzählen. Ihnen erzählen, was mir im Laufe meines Lebens so alles widerfahren ist! Ihnen all das sagen, was ich glaube, was für mich wichtig war und nach wie vor wichtig ist! All die Sachen, die ich glaube, die mich auf meiner Suche nach meinem Sinn des Lebens weitergebracht haben! Auch wenn ich ihnen selbst anfangs nicht die Bedeutung zugemessen habe, die sie verdient hätten. Zum Glück, oder vielleicht doch besser, aufgrund meines Vertrauens in mich selbst, gab ich mir immer wieder Zeit, mit allem. Ich war und bin von meinem neuen Tun und Denken überzeugt. „In der Ruhe liegt die Kraft!" Ich kann dieser Aussage nur beipflichten! Seit irgendwann nun liegt für mich in der **RUHE** und in der **ATMUNG** meine Kraft! Allerdings wurde dieser Erkenntnis im Laufe der Zeit noch etwas ganz Wesentliches hinzugefügt! Nämlich, dass auch **die Kraft in meinen GEDANKEN liegt!** Die nächsten Seiten werden es beweisen.

Wie schon geschrieben, musste ich erst einiges erleben, damit ich verstehen lernte! Wenn ich nun schon früher darüber Bescheid gewusst hätte, dann wäre mir vielleicht einiges erspart geblieben. Vielleicht. Trotzdem, es ist gut so, wie es gekommen ist und es ist gut so, wie es ist! Daher möchte ich zum Thema Gedanken und den Glauben an meine Gedanken noch auf etwas ganz Wesentliches hinweisen, was für mich mitentscheidend für meine, nennen wir es einmal Erleuchtung, war. Anfangen möchte ich mit **JESUS**, von dem man in der Bibel, dem meistübersetzten Buch überhaupt, Folgendes lesen kann:

„EUCH GESCHEHE NACH EUREM GLAUBEN!"

Was denke ich? Was glaube ich? Was glaube ich, das ist oder was kommen wird? Was ist, wenn ich ganz fest an etwas glaube, ich ganz fest von meinen Gedanken überzeugt bin, dass es so kommen wird?

Wenn ich mir sicher bin, wenn ich glaube, dass es so kommen wird, wenn ich es voll Freude erwarte? Wenn ich nicht verkrampft bin und ich es einfach laufen und kommen lasse? **Richtig! Es geschieht! Es geschieht nach meinem Glauben! An das, woran ich glaube, wird geschehen!** JESUS wusste es! Schon damals! Und die Menschen glaubten an Jesus! Sie glaubten daran, dass er Kranke heilen kann, dass er Blinde wieder sehen und dass er Gelähmte gehen machen kann! Sie glaubten daran und er ließ es geschehen! Für die meisten ein Wunder, für die Wissenden die Kraft des Glaubens und die Kraft der Gedanken! Und JESUS bestätigt diese seine Aussage durch ähnliche, wie:

„Glaubet und euch wird geholfen!"

oder auch

*„So ihr Glauben habt,
wird euch nichts unmöglich sein!"*

Jeder von uns kann hier aus dem Vollen schöpfen, wir brauchen es nur herzunehmen! Es ist alles da! Jesus wusste dies alles schon vor 2000 Jahren! Doch leider, die meisten von uns wissen es heute noch immer nicht! Verstehen wir wirklich so wenig? Sind wir wirklich so blind? Kann es das tatsächlich geben? Nimmt uns die heutige moderne Zeit wirklich so in Anspruch, dass wir so wichtige Zeichen übersehen können? Oder wollen wir sie gar nicht sehen? Haben wir vergessen, dass der Glaube Berge versetzen kann? Haben wir das alles vergessen? Ich weiß, es muss erst etwas geschehen, damit etwas geschieht! Ich habe es ja an mir selbst gesehen, wie lange es dauern kann! Aber darum schreibe ich auch dieses Buch, damit der bittere Weg aller anderen abgekürzt werden kann, damit sie ihren bitteren Weg nicht bis zu Ende gehen müssen, damit vielleicht allen anderen dieser bittere Weg überhaupt erspart bleibt! Es ist mein Wunsch, es ist meine Botschaft. So verrückt es vielleicht klingt, aber lasst es so sein!

Wir erfahren dieses aber nicht nur von Jesus, sondern auch von **BUDDHA**, dem Vielgelehrten, der uns wissen lässt:

„Alles was wir sind, ist ein Produkt dessen,
was wir gedacht haben!“

Auch **MARC AUREL**, ein römischer Kaiser und Weiser sprach:

„Die Gedanken sind es, die das Leben des Menschen
glücklich oder unglücklich machen!“

Und von **RALF W. EMERSON**, einem amerikanischen Philosophen, wissen wir:

„Der Mensch ist das,
was er den ganzen Tag über denkt!“

Der französische Atomphysiker, **J.E. CHARON**, der auch die **Relativitätstheorie von ALBERT EINSTEIN** weiterentwickelt hat, schreibt: „**Le monde est c'est ce qu'on pense du lui!**“ was übersetzt soviel bedeutet wie:

„Die Welt ist das, was wir von ihr denken!“

„DIE WELT IST DAS, WAS WIR VON IHR DENKEN“ und all die vorherigen Aussagen bedeuten nichts anderes als: Jeder ganz allein bestimmt seine Welt! Jeder entscheidet selbst für sich, ob seine Welt gut oder schlecht ist! Die Welt ist nämlich genau das, was jeder Einzelne von ihr denkt! Das bedeutet, wenn ich denke, dass die Welt schlecht ist, dann ist die Welt für mich eben schlecht! Ich kann aber auch denken, dass die Welt schön ist, und dann ist sie auch schön für mich! Sie wissen bestimmt, was ein Optimist und was ein Pessimist über ein Glas, welches bis zur Hälfte mit Wasser gefüllt ist, sagen. Genauso ist es! Es liegt nur an meinen Gedanken! Und das Schöne dabei ist: „Ich bestimme, was ich denke! Ich allein habe die Macht darüber, was ich denke und niemand anderer sonst! Ich habe die Macht über meine Gedanken! Und was ich denke, das wird!

Genauso verhält es sich auch bei allen anderen Menschen! **Jeder Einzelne hat die Macht darüber, zu denken was er will! Niemand kann uns unsere Gedanken verbieten! NIEMAND!** Wenn Sie möchten, dann suchen Sie sich eine ruhige Stelle, schließen Sie langsam Ihre Augen und atmen tief ein und aus! Kommen Sie zur Ruhe, werden Sie immer ruhiger und ruhiger, entspannter und entspannter! Werden Sie locker und leicht! Werden Sie gelassen, ganz gelassen! Und wenn Sie glauben, dass Sie soweit sind, wie Sie sein möchten, dann denken Sie sich in Ihr Paradies! Für viele wird es das biblische Paradies sein, für viele andere ein wunderschöner Ort hier auf Gottes Erden, für andere wieder wird es aber vielleicht einfach nur ein Geisteszustand sein. Denken Sie sich dorthin, wohin Sie sich haben möchten! Dorthin, wo es schön für Sie ist. Mit all den schönen Dingen, die für Sie das Wahre bedeuten! Das Wahre und nur das Wahre! Für Sie ganz allein!

Ich habe es irgendwann bemerkt und ich habe lange Zeit darüber nachgedacht. Und ich habe mich auch oft gefragt, was kostet es mich tatsächlich, egal in welcher Situation ich mich gerade befinde, egal ob es mir gerade gut oder schlecht geht, einen Moment lang an irgendetwas Schönes zu denken? Wenn ich ehrlich bin, was kostet es mich und wie viel kostet es mich wirklich? Ist es nicht so, dass viele andere Sachen in unserem Leben, die wir uns aufbürden, sehr viel schwieriger sind? Ist es nicht wirklich so? – Eben!

Und ich habe mir überlegt, wie es sich bei mir zugetragen hat. War es bei mir nicht so, dass ich gerade so ziemlich in der schlimmsten Phase meiner Depression war, als ich irrsinnigerweise einen ersten guten Gedanken gedacht habe? War es nicht so, dass ich gerade da ein paar Mal gedacht habe: **„Super, es läuft, es läuft bei mir? Man sieht es zwar noch nicht, aber es beginnt zu laufen für mich!“** Ich weiß nicht, wie ich auf diesen Gedanken gekommen bin, keine Ahnung. Ich habe ihn auch nicht bewertet, ob gut oder schlecht, ob ironisch oder idiotisch, ich habe mir einfach nur gedacht: „Es läuft für mich, man sieht es zwar noch nicht, aber es beginnt zu laufen für mich!“ So verrückt und arg das auch klingen mag. Stellen Sie sich das einmal vor. Solche Gedanken in einer solchen Situation! **ABARTIG!** Aber wenn ich jetzt zurückblicke, dann hat er geholfen, er hat mir geholfen. Dieser Gedanke ist für meine Wiedergeburt verantwortlich! Er ist meine Auferstehung! Denn dieser Gedanke hat im Laufe der Zeit weitere solcher Gedanken angezogen, zwar nur langsam, ganz langsam, aber er hat es, völlig unbewusst und ohne mein absichtliches Zutun getan und er wird auch weiterhin immer mehr gute anziehen. So lange,

Bis alles gut wird!!!

Denn ich habe auch Zeit, ich habe alle Zeit der Welt! Und es wird alles gut! Ich weiß es! Ich weiß es! Ich bin schon einen sehr schweren und sehr weiten Weg gegangen, ich habe schon vieles geschafft, habe vieles überwunden und hinter mir gelassen. Zum Glück habe ich auch all diese Erfahrungen an mir selber machen können, ich weiß es aus erster Hand. Ich weiß, wie es funktioniert und ich weiß, dass es funktioniert! Ich brauche auch nichts zu erzwingen, gar nichts! Ich vertraue mir! Und ich verzweifle auch nicht! Ich denke meine Gedanken und ich vertraue ihnen! Ich weiß es und ich bin weiter für mich zu dem Entschluss gekommen, dass es mir niemals so schlecht wird gehen können, dass ich keinen guten und schönen Gedanken denken kann. Niemals! Das werde ich immer können!

Immer! Denn ich weiß, dass ich es kann! Genauso wie Sie es auch können, wenn Sie es wollen! Jeder von Ihnen kann das! Sie müssen es nur tun! **SIE KÖNNEN ES!** Und heute denke ich ihn absichtlich, diesen schönen Gedanken, denn ich weiß um seine Wirkungen und, wenn ich gerade dabei bin, dann denke ich eben einen weiteren schönen dazu! Und noch einen und noch einen ..! Und das immer wieder und wieder, solange eben, bis alles gut wird – BIS ALLES GUT WIRD!

* * * * * * * * * * * * *

Kapitel 8

Meine Gedanken und meine Erlebnisse im Kleinen

Ich möchte Ihnen nun ab hier, wie schon angekündigt, von meinen Gedanken, von meinen Erlebnissen und von deren Auswirkungen, von den kleineren bis hin zu den größeren, berichten. Beginnen möchte ich mit den kleineren, aber nicht weniger wichtigen Ereignissen! So ziemlich meine ersten Gedanken, die in diese Richtung wiesen, hatte ich im Sport:

Fussball

Ich habe eine Zeit gehabt, in der ich Fußball, und später danach auch Tennis, leistungsmäßig, gespielt habe. Mir ist im Fußball nicht nur einmal passiert, dass es mir zu einem bestimmten Zeitpunkt während des Spieles in den Sinn gekommen ist: „Ich muss jetzt genau dorthin rennen, weil ich glaube, dass der Ball auch genau dorthin gespielt werden wird." Auch wenn vielleicht diese Position, gerade zu diesem Zeitpunkt, absurd erschien. Ich bin trotzdem hingerannt. Und genau das ist geschehen. Kurze Zeit später kam der Ball tatsächlich, egal aus welchem Grund auch immer, genau dorthin, wo ich mich hinbewegt hatte. Dorthin, wo niemand anderer vermutet hatte, dass der Ball jemals kommen würde. Es ist tatsächlich so geschehen! Genauso wie ich es gefühlt habe! Genauso wie ich es mir gedacht habe! Was immer das auch bedeuten möge.

Ich hatte aber noch auch andere Spielsituationen, die sich sehr oft wiederholt haben.

Ich war zum Beispiel im Strafraum und der Ball kam über die Flanke in meine Richtung geflogen. Nur, zwei, drei Meter vor mir stand ein Gegenspieler und der Ball kam direkt auf ihn zu. Eigentlich hatte ich überhaupt keine Chance, an den Ball zu kommen. Mein Gefühl aber sagte mir zu diesem Zeitpunkt: „Bleib in dieser Position, auf der du dich gerade befindest. Bleib! **Dein Gegner wird den Ball verfehlen! Sei darauf vorbereitet!**“ Und es war so! Der Gegner verfehlte tatsächlich den Ball und der Ball landete bei mir. Genauso wie es mir mein Gefühl voraussagte! Genauso wie ich es mir dachte! Anschließend hatte ich Zeit genug und ich konnte den Ball in aller Ruhe annehmen und entweder das Tor oder den Pass zu einem Mitspieler machen!

In der letzten Zeit hat diese Fähigkeit im Fußball- und im Tennissport eine eigene Bezeichnung bekommen. Dort spricht man jetzt von „antizipieren“. Wie auch immer! Ich, und bestimmt auch viele andere Fußballer, haben es schon in einer Zeit erlebt, in der es noch gar keine eigene Bezeichnung für so etwas gegeben hat. Damals sprach man ganz einfach nur von einem „guten Riecher“ oder vom „Instinkt“! Wie immer man es auch nennen mag, letztendlich ist es vollkommen egal, welchen Namen es trägt. Ich für mich glaube unter anderem daraus erkennen zu können, dass tatsächlich „etwas“ da ist, „etwas anderes“, das mit dem Kopf nicht greifbar ist.

Das Nächstfolgende dachte ich zwar nur ein paar Mal, aber es funktionierte jedes Mal brillant. Ich wusste, dass es funktionieren würde, es konnte gar nicht anders sein:

Ein Gegenspieler und ich rannten gemeinsam dem Ball hinterher. Er kam von halbrechts und ich von halblinks. Wir waren alle beide vom Ball gleich weit entfernt. Knapp bevor wir beide zur gleichen Zeit an den Ball hätten kommen sollen, beide Schulter gegen Schulter, dachte ich, ich versuche jetzt so zu tun, als ob ich mich mit vollstem Körpereinsatz gegen ihn stemmen würde. Er bemerkte diesen Versuch von mir und versuchte nun ebenfalls, seine ganze Kraft aufzubieten, um mir vollen Widerstand leisten zu können! Doch knapp bevor wir beide Schulter an Schulter hätten aneinander prallen sollen, bremste ich plötzlich ab und ich war stehengeblieben! Mein Gegenspieler war aber in der Erwartung, dass er in der nächsten Zehntelsekunde massiven Körperwiderstand von mir spüren wird! Doch leider, leider war kein Widerstand mehr da! Der war einfach verschwunden! Ich war ja stehengeblieben! Und er?

Aufgrund seines totalen Einsatzes, seines unerbittlichen Kampfgeistes, verlor er das Gleichgewicht, stolperte zuerst und fiel anschließend um! Sorry, vielleicht war das unsportlich, aber ich konnte nicht anders und ich bin aus dem Schmunzeln lange Zeit nicht herausgekommen!

Tennis

Die anfangs erwähnte Situation, oder auch ähnliche, erlebte ich auch im Tennis. Egal ob auf der Vor- oder der Rückhand, auf der Grundlinie oder am Netz. Es war ganz einfach so. Und es war auch hier so, dass ich oftmals nicht weniger als im Fußball schmunzeln musste, weil ich anscheinend auch hier wieder einmal den richtigen Riecher gehabt habe.

Parkplatzsuche

In meinem Wohnort bestand unser Hauptplatz unter anderem aus einem Kreisverkehr, in dessen Mitte es einen großen Brunnen gab, und um diesen Brunnen herum warfen Kastanienbäume ihre Schatten und schützten auch vor zu heißer Sonne. Ebenfalls um diesen Kreisverkehr, nur außen herum, gab es viele Cafés, Lokale und auch eine Eisdiele, die der Treffpunkt schlechthin war. Es war insgesamt der Stadtteil, der zu jener Zeit das Zentrum allen Stadtlebens war. Vor den Lokalen gab es letztendlich auch **die sehr begehrten Park-**

plätze. Wenn es tatsächlich so war, dass alle Parkplätze besetzt waren (was auch eigentlich immer der Fall war), so war es doch toll, einfach nur eine Runde um den Hauptplatz zu fahren, um zu sehen und um gesehen zu werden. Aus diesem Grunde fuhren die meisten nicht nur eine Runde, sondern eine zweite, eine dritte, eine ..! Natürlich gehörte ich auch zu denen, die gesehen werden wollten! Aber ich gehörte nicht nur zu denen, die gesehen werden wollten, sondern ich gehörte auch zu jenen, die einen Parkplatz haben wollten. Das war klar! Wenn jemand mit mir mitfuhr, und ich direkt am Hauptplatz vor den Lokalen parken wollte, gab mir beinahe jeder von meinen Beifahrern den Rat, mir gleich woanders einen Parkplatz zu suchen, denn hier im Zentrum sei bestimmt nichts frei. Meine Antwort war fast jedesmal dieselbe. Ich erklärte fast immer: „Fahren wir eine Runde. Schauen wir einmal, was los ist!“ Ich dachte aber immer für mich: „Für mich ist bestimmt ein Parkplatz frei! Für mich schon! Entweder ist von Haus aus etwas frei oder es fährt vor mir gerade jemand mit seinem Auto aus seiner Parklücke!“

Und es war auch so! Es war fast immer so! Ich habe mich jedesmal gefreut, wenn die anderen gesagt haben, ich soll nicht und ich es doch getan habe. Ich habe selten etwas dazu gesagt, habe versucht, es nicht zu kommentieren! Eigentlich habe ich nur jedes Mal heimlich gelacht und mich nach innen gefreut! Und es war schon ein gutes Gefühl für mich! Das war es tatsächlich. **Diese Erfahrungen mit den Parkplätzen** habe ich aber auch **in unserer Landeshauptstadt gemacht.** Das hat mir gezeigt, dass es nicht nur in unserer Bezirksstadt funktioniert. Aber auch dies war eine ganz eigene Erfahrung gewesen, aber es war so. Es war ganz einfach so. Auch hier!

Zufall?

All die geschilderten Erlebnisse und Erfahrungen, die ich im Fußball, im Tennis und bei der Parkplatzsuche hatte, hatte ich nicht vier- oder fünfmal, sondern ich hatte sie fünfzig-, sechzig-, vielleicht siebzigmal, vielleicht noch öfter, ich weiß es nicht, **auf jeden Fall hatte ich sie so oft, dass ich nicht mehr von Zufall sprechen kann!** Doch leider hatte ich bis hierher noch immer nichts verstanden! Ich war noch nicht so weit, weder diese Botschaften zu erkennen, geschweige denn, für mich zu nutzen! Ich merkte wohl, dass ich vielleicht im Sport und beim Parkplatzsuchen wahrscheinlich ein besonderes Talent habe, aber das war's dann auch schon! Und für mich war das ausreichend! Es reichte aus! Für mich erfüllte es seinen Sinn! Wahrscheinlich gibt es sehr viele Menschen, die das Gleiche oder so etwas Ähnliches, wie ich es jetzt beschrieben habe, in ihrem Leben auch erlebt haben! Ich glaube sogar daran, dass es auch tatsächlich so ist! Es gibt bestimmt sehr viele Menschen mit solchen oder ähnlichen Erfahrungen! Vielleicht verstehen jetzt diese Menschen diese Botschaften früher, als ich sie verstanden habe? Auf jeden Fall wünsche ich es ihnen von ganzem Herzen! **Vielleicht bleibt ihnen dadurch auch einiges erspart, weil sie diese Erfahrungen jetzt früher verstehen können, vielleicht müssen sie sie jetzt auch nicht mehr unbedingt selbst durchmachen?** Vielleicht? Es könnte sehr viel Leid und sehr viel Schmerz wegfallen! Ich weiß es nicht, ob es tatsächlich so ist, aber die Chance, die Chance ist auf jeden Fall da, wichtige Lebenserfahrungen ohne das Verspüren von Schmerzen zu machen!

All die Gedanken über diese Erfahrungen kamen mir aber erst nach und nach. Es brauchte dafür viel Zeit. Es geschah hier nichts von heute auf morgen! Wie gesagt, ich dachte nach und ich dachte! Und ich hatte Zeit! Vielmehr musste ich mir die Zeit nehmen, denn ich merkte, wenn ich mir die Zeit nicht nehme, die ich brauche, dann brauche ich sie vielleicht schon gar nicht mehr!

Ich habe mich auch von Fernsehen, Radio, Zeitungen, eigentlich vom ganzen Weltgeschehen abgewandt, es interessiert mich überhaupt nicht mehr, was da draußen in der sogenannten großen, weiten Welt so vor sich geht. Es ist mir nicht wichtig und ich will es auch gar nicht wissen, welche Katastrophenmeldungen es schon wieder gibt, was das neueste High-Tech-Gerät so alles kann, was Politiker und andere „große“ Leute so von sich geben und wer was zu wem sagt. Ich habe mich von dieser gewaltigen Informationsflut losgelöst, ich habe ihr einfach abgeschworen und ihr den Rücken gekehrt. Sie ist mir vollkommen egal! Fernsehen, Radio, Zeitungen sind mir vollkommen egal! ICH will sie nicht mehr haben! Und trotz alledem –

Ich weiss, was ich wissen muss!

Ich bin auch zu der Überzeugung gekommen, dass ICH JETZT ENDLICH EINMAL AUF MICH SCHAUEN MUSS! JETZT BIN ICH WICHTIG – und nichts anderes sonst! Ich muss das machen, was mir gut tut und was ich glaube, was für mich das Richtige ist! Und ich habe es getan! Ich weiß, es gehört viel Mut dazu, und es bedarf auch viel Vertrauen in sich selbst so zu handeln, aber ich bin über meinen Schatten gesprungen, und ich habe es getan! Zu meinem Glück habe ich es getan! Ich bin nun fast ein Jahr ohne alledem und ich habe nichts davon auch nur eine Sekunde vermisst, nicht einmal einen Wimpernschlag lang. Im Gegenteil, ich brauche dies alles nicht, um zu leben und um glücklich zu sein. Ich lebe so viel besser und viel intensiver, als ich jemals zuvor gelebt habe! Vielleicht kommt die Zeit wieder einmal, in der ich das eine oder das andere wieder brauchen werde, vielleicht, durchaus möglich, nur jetzt, jetzt brauche ich es nicht! Überhaupt nicht! Und ich werde erst dann wieder darüber nachdenken, wenn ich das Gefühl habe, dass es für mich wichtig ist! Vorher werde ich keinen Gedanken mehr daran verschwenden! So sei es!

Ich habe mich auch von allen Pseudo-Freunden getrennt, Freunde, die nur deshalb meine Freunde waren, weil sie sich vielleicht durch mich einen persönlichen Vorteil erhofft haben oder sonst etwas in dieser Richtung. Wenn Sie selbst einmal in einer schweren Krise stecken, spätestens dann werden Sie erkennen können, wer Ihnen ein Freund ist und wer nicht! Ich kann Ihnen heute die Anzahl meiner wirklichen Freunde an vier Fingern aufzählen! Und ich glaube auch zu wissen, dass es bei Ihnen nicht viel anders sein würde!

Sie werden es sich vielleicht auch nicht vorstellen können, auch wenn viele mit einem solchen Krankheitsbild nicht umgehen können, sie nicht wissen, wie sie sich einem solchen Menschen gegenüber verhalten sollen, aber es war vielen Freunden wie vielen Arbeitskollegen einfach nicht möglich, auch nur ein klitzekleines SMS an mich zu schicken. Ein SMS mit dem Inhalt: „Ich denke an dich!" oder „Ich bin in Gedanken bei dir!" oder „Ich wünsche dir gute Besserung!" oder „Du schaffst es, halte durch!" oder „Ich bin für dich da!" **Es war nicht möglich! Und das in Zeiten, in denen viele ihre Handys öfter wechseln als ihre Hemden!**

Oder – als ich mich nach meinen Klinikaufenthalten zwischendurch in der Stadt, am Sportplatz oder auch in meiner Bank habe blicken lassen. Wie angestrengt diverse Personen versucht haben, mich nicht zu bemerken, obwohl wir fast aneinander gerannt wären. Wie krampfhaft versucht wurde, so zu tun, als ob sie enorm viel Arbeit hätten und mich deshalb nicht sehen können. Oder wie schnell man wieder in sein Büro zurückgekehrt ist, nur damit man mir nicht Auge in Auge gegenüberstehen muss. Oder auch wie schnell mit dem Fahrrad eine andere Richtung einschlagen werden kann, nur damit man meinen Weg nicht kreuzen muss. Kann es ein schlechtes Gewissen sein? Oder ist es vielleicht auch schon **ein indirektes Geständnis für vergangene, nicht korrekte Verhaltensweisen mir gegenüber?** Eigenartig, wie plump sich die Menschen in solchen Situationen verhalten können, eigenartig, wie sich Menschen in solchen Situationen selbst bloßstellen können. Heute kann ich dazu nur eines sagen: **„Die SPREU hat sich vom WEIZEN GETRENNT!** Und es ist gut so, dass sie sich getrennt hat! Wahrlich, das ist es!"

Kapitel 9

Meine Gedanken und meine Erlebnisse im Grossen

Ab hier berichte ich über diese Ereignisse, die für den Leser wahrscheinlich wesentlich aussagekräftiger erscheinen werden als für mich selbst! Wie schon gesagt, ich für mich mache da keinen Unterschied! Sie sind deshalb nicht wichtiger oder weniger wichtig für mich, nur weil es sich auf der einen Seite um ein Spiel handelt und auf der anderen doch um wesentlichere Dinge wie Liebe, Freundschaft, Heim oder Geld.

Ewige Liebe

In einer Zeit, in der ich viele junge und hübsche Mädchen kennenlernte, dachte ich mir eines Tages, dass es eigentlich toll wäre, wenn ich meine Partnerin fürs Leben bereits in jungen Jahren kennen- und lieben lernen würde! **So eine richtige Jugendliebe, die bis in alle Ewigkeit glücklich ist,** und die immer eine Jugendliebe bleibt, verbunden mit einem von Tag zu Tag steigenden Vertrauen und einer Vertrautheit, die einzigartig ist und nie endet! Dies wurde immer mehr und mehr zu meinem jugendlichen Wunschtraum für mein Leben! Eine immerwährende Jugendliebe! Ich glaubte fest daran und war so überzeugt davon, dass es so geschehen wird, dass ich im Winter, ich war 17 Jahre alt, ein 15-jähriges, äußerst hübsches, blondes Mädchen auf dem Eislaufplatz sah, in das ich mich auf den ersten Blick verliebte! Es waren anfangs, so wie es meistens ist, nur schüchterne Blicke, die wir uns heimlich zuwarfen. Doch bald darauf kamen zu den schüchternen Blicken ebenso schüchterne Worte hinzu. Aus diesen Worten ergaben sich die ersten, behutsamen und doch auch annähernden Gespräche, sodass unser erster Kuss sehr bald folgte! Die Winterlandschaft und das winterliche Flair umhüllten unsere frischen Berührungen und unsere jungendlichen und zarten Küsse.

Aus dieser Jugendliebe wurde im August 2007 unsere Silberne Hochzeit und ein halbes Jahr später, im Jänner, unser dreißigster Jahrestag! Heute liebe ich meine Frau mehr denn je und ich freue mich jetzt schon auf unsere nächsten gemeinsamen 30 Jahre.

Traumberuf

Irgendwann, ebenfalls in meinen jungen Jahren, war es eines meiner großen beruflichen Ziele gewesen, **in einem bestimmten Geldinstitut in meiner Heimatstadt zu arbeiten.** Zwei- oder dreimal für einen Monat im Sommer hatte ich dort schon praktiziert und es hat mir so gut gefallen, dass ich mich danach auch beworben habe. Ich habe mir immer gedacht, diesen Job möchte ich haben! Das wäre eine tolle Sache, wenn ich dort fix arbeiten könnte! Den möchte ich wirklich! Das ist mein Traum! Ein zusätzlicher Anreiz war für mich natürlich der hohe Stellenwert, den der Sport im Allgemeinen und im Speziellen der Fußball dort gehabt hat! Fußball war eine andere meiner großen Leidenschaften und ich wäre der dritte Fußballer gewesen, der den Fußballsport dort leistungsmäßig ausgeübt hätte!

Das Wichtigste war letztendlich, dass ich den Job trotz der vielen anderen Bewerbungen bekommen habe! Warum auch immer. Ich habe ihn bekommen! Und das allein hat damals für mich gezählt! Heute weiß ich aber genau, warum und wieso zu meinen Gunsten entschieden wurde! Heute weiß ich genau, dass die Entscheidung auch gar nicht anders ausfallen konnte, als sie ausgefallen ist! Sie musste ganz einfach so ausfallen!

Traumhaus

In der Musikergegend, in der auch meine Eltern ihr Eigenheim haben, lag eine Straße weiter die Haydnstraße. Diese Straße wurde damals von vielen auch als die Prominenten-Straße bezeichnet. Vom Ende unserer Kindheit bis hin ins Erwachsenenalter betrachteten wir öfter die **schönen Häuser und Bungalows.** Besonders ein Bungalow hatte es mir angetan. Er war topmodern und mit Terrasse ausgestattet, dazu gab es eine große, wunderschön angelegte Gartenlandschaft und natürlich durfte in dieser der Swimming-Pool nicht fehlen. Ein Magnet sondergleichen, nicht nur zu damaliger Zeit. Damals dachte ich mir: „Wenn ich einmal selbst ein Haus haben werde, dann wird es kein Stockhaus sein, sondern ich möchte einen Bungalow haben. Genauso wie dieser einer in unserer Gegend. Genauso wie die im sonnigen Italien. Am liebsten wäre mir aber soundso gleich dieser Bungalow, denn dort könnte ich auch gleich einziehen und sofort mit meinen Freunden den Pool benützen."

Erst gegen Ende meiner Reha-Zeit hatte ich mich wieder an meinen damaligen, sehnlichen Wunsch erinnern können, dass ich diesen Bungalow eigentlich haben wollte. Dann fiel mir, fast so nebenbei ein, dass ich mit meiner Familie schon seit fast 20 Jahren in Besitz dessen bin und wir dort nicht nur im Laufe der Zeit umgebaut und neubepflanzt haben, nein, sondern dass wir auch die ganze Zeitspanne über schon dort wohnten und lebten.

Eigenartig, wie lange Dinge oft dauern können, bis man sich an sie wieder erinnern kann! „Gut Ding" braucht anscheinend oft mehr als ein bisschen „Weile". Aber „Gut Ding" kommt auf jeden Fall dann, wenn ich mich erinnern muss, dann, wenn ich es brauche!

Geld

Anfangs erwähnte ich, dass ich in unserem Geldinstitut für Aktien- und Börsengeschäfte zuständig war. Irgendwann, in meinen Anfängen, wusste ich damals schon, dass das mein Job ist und sein wird und ich war überzeugt davon, dass ich **an der Börse einmal viel Geld verdienen werde.** In diesem Wissen und mit dieser festen Überzeugung war ich auch nicht überrascht, dass ich dann irgendwann begann, einen immer wiederkehrenden Traum zu träumen, in dem ich mich irgendwo bückte, weil ich dort eine Fünf-Schilling-Münze am Boden liegen sah. Ich hob diese auf und freute mich sehr über diesen Fund, als ich nur ein Stück weiter, eine Zehn-Schilling-Münze fand. Wieder ein Stück davon entfernt lagen auf einmal mehrere von diesen Münzen und, wieder etwas weiter weg, lagen wieder mehrere davon. Irgendwann fand ich schließlich 25-Schilling-Silbermünzen, dann 50- und 100-Schilling-Silbermünzen, immer mehr und mehr. Ich brauchte gar nicht mehr aufzustehen, um mich anschließend wieder zu bücken, sondern ich brauchte nur mehr auf den Knien zu bleiben und meine Hände auszustrecken! Es war fast wie im Schlaraffenland! Ein supertoller Traum mit einem extrem guten Gefühl!

Ja, und auch dieser Gedanke und diese Überzeugung bewahrheiteten sich. Es geschah tatsächlich so! Es gab eine Zeit an der Börse, da verdiente ich wirklich viel Geld, nur dass es diesmal kein Traum mehr war, sondern Wirklichkeit, reine Wirklichkeit mit einem extrem guten Gefühl!

Es gab allerdings auch andere Ereignisse in meinem Leben, die vom Gegenteil berichten, die alles andere als gut ausgegangen sind, die aber zum Schluss auch so ausgehen mussten! Und auch hier möchte ich am Anfang noch auf jemanden zu sprechen kommen, der mir die Augen geöffnet und der mir eine weitere, große Erkenntnis gebracht hat! Ich bin überzeugt, Sie kennen ihn alle. Es ist derjenige, nach dem die „Hiobsbotschaft" benannt wurde. Richtig, es geht um keinen Geringeren als um **HIOB**, der da sprach:

„Was ich am meisten fürchtete,
ist über mich gekommen!"

„Was ich am meisten fürchtete, ist über mich gekommen!" Treffender kann man es nicht beschreiben! Allein in diesen paar Worten ist alles enthalten! Sie sagen alles aus, was es zu sagen gibt! „Was ich am meisten fürchtete, ist über mich gekommen!“ Es muss auch hier so sein, weil es dort, nur mit umgekehrten Vorzeichen, auch so ist! Es muss auch hier so sein, weil es so sein muss! Es kann gar nicht anders sein! Auf immer und ewig, bis in alle Ewigkeit! Angst erzeugt Angst! Angst zieht Angst an! Angst zieht genau diese Umstände an, vor denen wir Angst haben! Wir bestimmen für uns! Ein Leben mit Angst oder ein Leben ohne Angst? Ich bestimme für mich! Sie bestimmen für sich!

Goodbye Freundschaft, Goodbye Geld

Es gab in meinem Leben eine Zeit, in der ich Angst davor hatte, Freunde zu verlieren, Angst davor hatte, dass **mich Freunde im Stich lassen könnten!** Und vor ein paar Jahren geschah genau das, wovor ich mich fürchtete. Zwei Freunde ließen mich in Stich, sie ließen mich an der Börse hängen. Sie ließen mich total hängen. Und es geschah gleichzeitig mit meiner zweiten großen Angst, nämlich der, dass ich **an der Börse einmal viel Geld verlieren könnte.** Was zu dieser Zeit dann auch geschah. Ich habe brutal viel Geld verloren.

Allerdings war ich immer, und ich bin es auch heute, nach wie vor davon überzeugt, dass dieses verlorene Geld, irgendwann einmal, wieder an mich zurückfließen wird. Ob das von meinen beiden ehemaligen Freunden kommen wird oder in einer anderen Form, spielt für mich keine Rolle. Ich weiß nur, dass es wieder an mich zurückfließen wird! Ich weiß, dass es so kommen wird! Jetzt habe ich es verstanden! Ich weiß es jetzt! Und mittlerweile ist von einem meiner beiden ehemaligen Freunde ein Bruchteil des Geldes schon wieder an mich zurückgeflossen! Und heute ist aus diesem ehemaligen Freund, wieder ein echter Freund geworden, der so handelt und agiert, wie jeder andere gute Freund es auch tun würde. Ich weiß aber auch nicht, ob das alles passieren hat müssen? Passieren hat müssen, damit wir beide danach dann wirkliche Freunde werden konnten? Wie auch immer, das Einzige, was zählt, ist der Umstand, dass sich zwei Freunde wiedergefunden haben und deren jetzt aufrichtige Freundschaft bis in alle Ewigkeit bestehen bleiben wird. Ich werde hier keine Namen nennen, weil es vollkommen ausreicht, wenn wir beide es wissen. Auf jeden Fall möchte ich dir auf diesem Wege für alles noch einmal Danke sagen! Und ich meine auch wirklich für alles! Für alles, was mir durch dich widerfahren ist, im Guten wie im Schlechten, weil ich dadurch alles verstehen lernen durfte, ich reifen konnte, weil ich durch all das die Chance auf ein neues Leben bekommen habe! Danke!

Anständige Krankheiten

Ich habe nach meinem Krankenhausaufenthalt wegen meines **Schlaganfalles**, wenn sich meine Freunde und Bekannten nach meinem Gesundheitszustand erkundigten, immer scherzhalber gesagt, dass, wenn ich schon etwas habe, es auch **etwas „Anständiges"** ist, damit es sich auch auszahlt, weil ich mich eben mit so Kleinigkeiten gar nicht abgebe und außerdem habe ich jetzt **für die nächsten zehn Jahre vor solchen Sachen soundso meine Ruhe.** Auch wenn ich es nur im Spaß meinte, so sagte ich es doch ziemlich oft. Sehr oft. Wahrscheinlich zu oft und vor allem wahrscheinlich auch zu leicht, so dass es auch hier nicht anders kommen konnte, wie es gekommen ist. Sie wissen bereits, was mir nach zehn weiteren Jahren als 35-Jähriger dann tatsächlich widerfahren ist. **Es war wieder Zeit für etwas „Anständiges"!** Es war die Zeit für einen **Lungeninfarkt** gekommen. Ich habe diesen wieder, wie ich es auch schon beim ersten Mal tat, dem Zufall zugeordnet und wieder habe ich mich im Scherz immer sagen hören, dass ich jetzt **für die nächsten zehn Jahre vor solchen Geschichten wieder meine Ruhe habe**, dass ich es jetzt bis dahin wieder so richtig krachen lassen kann. **Und so ist es auch diesmal wieder gekommen, wieder zehn Jahre später. Mein Burnout bestätigt es ganz eindeutig!** Wenn ich heute zurückdenke, dann hat auch mein Burnout mit 45 Jahren bereits begonnen, nur das war das Brutalste und Härteste, was ich je erlebt habe, und was ich mir auch vorstellen konnte. Allerdings heute auch mit dem Unterschied, dass ich verstanden habe und dass es keine Gedanken und Aussagen gibt, auch nicht scherzhafte, die sich auf ... na, Sie wissen schon ... beziehen!

Es geschieht mir auch nicht mehr wie bei den ersten beiden Malen, als ich nach meinen Krankenhausaufenthalten mir sehr wohl vorgenommen habe, leiser zu treten, nicht mehr in diesem Tempo zu agieren, mehr auf das Wahre zu achten. Doch nach spätestens zwei, drei Monaten war es vorbei mit diesen Vorhaben, und ich war wieder mit ganzer Geschwindigkeit voll im Geschehen, voll im Berufsleben, ohne Rücksicht auf Verluste. Dies passiert mir, wie gesagt, nie wieder, ich habe das Tempo aus meinem Leben vollkommen herausgenommen, und es ist gut so für mich, für mich ist es das Beste so! Nur so kann ich leben und nur so will ich leben.

Rasche Heilzungsprozesse, keine Nachwehen

Übrigens bin ich überzeugt davon, dass meine Heilungsprozesse nach meinen Schicksalsschlägen deshalb so gut und so schnell verlaufen, und dass sie ohne Nachwirkungen geblieben sind, weil ich eben immer an meine körperliche und geistige Fitness geglaubt habe und von ihnen mehr als überzeugt war! Bestimmt war es so und zum Glück war es so!

Vorprogrammierter Weg

Einige Zeit bevor ich mich nur mehr unter größten Anstrengungen zu meinem Hausarzt mehr schleppen als gehen konnte, dachte ich für mich schon, dass dieser, mein Weg in dieses Burnout führen wird. Ich konnte mich noch dagegen wehren, die Frage aber war, wie lange! Wie lange konnte ich noch und wie lange wollte ich?

Trotz alledem, dieser Weg war für mich vorgezeichnet! Von wem auch immer! Er war es einfach! Und ich folgte ihm geduldig, bis ich nicht mehr konnte! Bis ich nicht mehr von mir selbst abhängig war, und ich selbst keine Kontrolle mehr über mich hatte, sondern von den Ärzten und Medikamenten, die meine Kontrolle übernahmen! Vielleicht folgte ich meinem Weg deshalb, weil ich intuitiv wusste, ich brauche dieses Burnout, diese Depressionen, damit ich wieder neu leben kann! Weil ich wusste, ich brauche diesen Schmerz, diese Hölle, ich brauche diese Erfahrung, damit ich wieder ein vollkommen neues Leben leben kann! Kein Pseudo-Leben, kein Schein-Leben, sondern mein wirkliches und mein für mich vorgesehenes Leben! Ein Leben, in dem ich mich spüren kann!

* * * * * * * * * * * * *

Kapitel 10

Meine erste Entscheidung in Sachen Zukunft und Beruf

In meiner aktiven Zeit im Berufsleben dachte ich mir etliche Male so für mich: „Was wäre, wenn ich die Bank nicht hätte? **Welchen Beruf könnte ich dann ausüben?** Welchen?" Meine traurige Antwort war: „Keinen!" Ich könnte keinen anderen Beruf ausüben! Ich wüsste es wirklich nicht! Vielleicht noch irgendetwas mit Sport oder Kindern, aber das ist zeitlich nicht mehr machbar! Also, es bleibt mir nichts anderes übrig, als in der Bank zu bleiben und von dort aus in Pension zu gehen!"

Als ich gerade in meinem tiefsten Burnout und meinen größten Depressionen war, kehrten diese Fragen wieder! Immer wieder und wieder! So lange, bis ich zu folgendem Entschluss kam: „Nein, ich kehre nicht mehr in meine Bank zurück! Nicht in meiner angestammten Position, nicht in meiner angedachten und auch nicht in einer niedrigeren Position! Es gibt für mich aus heutiger Sicht kein Zurück! Ich würde sterben! Ich gehe nicht zurück! Ich gehe auch in keine andere Bank! Nein, das mache ich sicher noch weniger! Mein ganzes Leben hat sich nur um das bescheuerte Geld gedreht! Von in der Früh bis in die Nacht, Tag für Tag, Woche für Woche! Ich kann nicht mehr und ich will nicht mehr! Es ist aus! Es ist vorbei!" Diese Entscheidung traf ich zu allererst, noch bevor ich mir klar werden konnte, was ich in Zukunft überhaupt tun würde, welchen neuen Beruf ich überhaupt ausüben könnte, sollte oder möchte! Diese Fragen gab es zu der Zeit überhaupt nicht für mich! **Ich wusste zu dieser Zeit nicht, was ich in Zukunft beruflich machen wollte und was ich machen werde. Ich wusste nur, was ich nicht tun wollte**

und nicht tun werde und dies war ein weiterer großer Schritt in Richtung „Vertrauen in mich selbst und in mein Leben"!

Ich habe auch schon all die anderen sagen und kritisieren hören: „Du spinnst ja vollkommen, du hast eine Frau und zwei Kinder! Du gibst deine sehr gute Anstellung auf, ohne dass du etwas anderes in Aussicht hast! Du bist verrückt, so etwas macht man doch nicht! Mach das nicht! Das darfst du nicht machen!"

„Doch, ich schon! Ich darf das, und ich mach das! Und ich weiß, dass ich eine Frau und zwei Söhne habe!" Anscheinend muss das etwas ganz Neues für sie gewesen sein, dass ich mir meiner Verantwortung meiner Familie gegenüber schon immer bewusst war. Eigenartig, dass sie es über diese lange Zeit gar nicht bemerkt haben. Ich frage mich nur, wie gut sie mich wirklich gekannt haben? Wie dem auch sei, **alle anderen wussten eigenartigerweise, was für mich und für meine Familie das Beste ist!! Alle!! Ausnahmslos!!** Nur, wie wollen sie das wissen?? Wie?? Viele wissen nicht einmal, was für sie selbst das Beste ist, und dann sollen sie es für mich und für meine Familie wissen?? Noch etwas, wie sollen sie es denn wissen, wenn sie selbst noch nie in einer solchen Situation waren?? Ist es nicht möglich, dass etwas viel, viel Besseres in Zukunft in mein Leben und das meiner Familie kommen wird?? Wie sollen sie es wissen, und was macht sie so sicher, dass es nicht so kommen wird?? Sie alle wussten natürlich nicht, dass ich zu dieser Zeit, irgendwann in meinem Burnout und meinen Depressionen, mein Vertrauen in mich selbst zu finden begann! Sie alle wussten nicht, dass ich deshalb zu dieser Zeit innerlich immer stärker wurde! Dass ich unerschütterlicher wurde in meinen Gedanken! Dass ich schon wusste, dass ich es schaffen würde! Es würde einfach nur noch etwas dauern! **Und viele wussten es deshalb nicht, weil** sie vor lauter mir zu sagen, was ich tun soll und was nicht, was ich darf und was ich nicht darf, nicht dazugekommen sind, mich zu fragen, was ich fühle, was ich denke und was ich glaube! **Und die anderen wussten es deshalb nicht, weil** sie mir, wenn ich von meinen Erkenntnissen erzählte, nicht oder nicht richtig zugehört haben, weil sie soundso alles besser wussten oder weil sie mit meinen neuen Überlegungen nichts anfangen konnten oder wollten.

Ich habe insgeheim für mich schon damit gerechnet, dass ich mit dem Versuch, auf meine neue Art zu denken und zu leben auf Widerstand, auf Abneigung stoßen werde. Ich weiß auch, dass sich etliche gedacht haben: „Jetzt spinnt er komplett! Mit dem kann man nicht mehr reden!" Aber wenn das tatsächlich spinnen ist, was ich da jetzt gerade mache, dann spinne ich gerne! Und das ohne Zweifel! Ich habe aber nicht nur mit Widerstand gerechnet, sondern auch damit, dass ich, bis auf ein paar wenige Ausnahmen, so ziemlich auf mich allein gestellt sein werde. Dass mir viele durch die Blume oder auch nicht durch diese gesagt haben: „Langweile uns nicht. Wir wissen über Gedanken Bescheid. Wir haben über die Kraft der Gedanken schon gelesen und davon gehört. Wir kennen uns aus!" Gesagt haben sie es. Doch gesehen, gesehen habe ich es bei ihnen leider trotzdem nicht! Trotzdem sie „es" gelesen haben. Trotzdem sie über Gedanken Bescheid wussten. Weder in ihren Gesichtern noch in ihrem Leben. **„Schade", dachte ich, „eigentlich ist es doch so nah, und für die meisten doch so fern! Aber wahrscheinlich muss es wohl so sein! Euch geschehe nach eurem Glauben!"**

* * * * * * * * * * * * *

Kapitel 11

Nach meinem Klinikaufenthalt – die ersten Gehversuche zu Hause

Nachdem mir die Wochen in der Klinik, wie ich glaube, so viele neue Erkenntnisse gebracht haben, an denen ich mich weiter orientieren, und die ich weiter ausbauen wollte, war ich gespannt, wie und ob es mir überhaupt gelingen würde, diese mit nach Hause zu nehmen, sie dort weiterzuverfolgen und irgendwann einmal vielleicht in die Tat umzusetzen.

In dieser Zeit zu Hause habe ich auch weiter an meinem Buch geschrieben. Manchmal schrieb ich drei, manchmal zehn oder manchmal fünfzehn Stunden oder noch mehr in einem durch, dann wiederum gab es Tage, an denen ich keine einzige Zeile zu Papier gebracht habe. Ich war vollkommen in mir, vertieft in mein Buch und vertieft in meine neuen Gedanken. Meiner Familie wurde ich immer fremder und fremder, genauso wie sie mir immer fremder und fremder wurde. Mit der Zeit wurde meine Beziehung zu meiner Frau Sabine und zu meinen Kindern auf eine äußerst harte Probe gestellt. All der Druck, all die Ängste und all die Zweifel der letzten zwölf Monate begannen sich zu entladen und ich war für meine Frau und meine beiden Söhne genauso wenig „erreichbar" wie sie für mich „erreichbar" waren. Nicht erreichbar in dem Sinne, dass ich nicht in der Lage war, sie von mir und von meiner neuen Lebenseinstellung zu überzeugen und umgekehrt, weil sie mir und meiner neuen Lebenseinstellung nicht folgen konnten. Ich musste mir von ihnen, aber auch von ihren Freunden sagen lassen, dass ich in der Klinik einer kompletten Gehirnwäsche unterzogen worden, dass ich absolut durchgeknallt wäre. Keiner konnte damit etwas anfangen, dass ich mich nur mehr in Ruhe fortbewegte, dass ich für das Essen wesentlich länger benötigte als alle anderen, weil ich es ganz einfach genießen und schmecken wollte, und dass mir Hast und Eile komplett fremd geworden waren! **Keiner konnte verstehen, dass ich mir mit dem Leben Zeit ließ!** Dass ich Zeit nicht nur für einen netten Gruß an so manchen älteren Menschen, sondern auch Zeit für ein Gespräch mit ihnen hatte, dass ich Zeit hatte, Kindern beim Spielen zuzusehen, ganz einfach, dass ich Zeit für die Zeit hatte.

Irgendwann begann ich dies dann so auszulegen, dass sie mir mein neues Leben verbauen würden, dass sie mich daran hindern würden, meine Erkenntnisse in die Tat umzusetzen. Es kam die Zeit, in der jeder an jedem zweifelte und eine Trennung schien unvermeidlich. In dieser Phase ist mir wieder in den Sinn gekommen, dass mir ein Arzt einmal erklärt hat, dass ein extrem hoher Prozentsatz, ich glaube, es waren ca. 80 % der Beziehungen, an einem solchen Krankheitsbild scheitert. Ich kann Ihnen sagen, diese Zeit war wieder alles andere als ermutigend, denn diese Zeit hat uns alle, wie schon die Zeit davor, wieder an unsere Grenzen gebracht.

Doch zum Glück und letztendlich, nach fünf weiteren Monaten war es so, dass wir uns alle wieder zusammengerauft haben. Wie waren bereit gewesen, einer dem anderen in Ruhe zuzuhören, haben versucht, uns gegenseitig zu verstehen und wir haben uns dafür auch Zeit genommen. Und gemeinsam haben wir es geschafft! Gemeinsam sind wir alle an dieser schwierigen Aufgabe gewachsen!

Meine anschließenden Erfahrungen als Senner

Im Zuge der vorhin erwähnten familiären Gespräche, es dürfte so Anfang September 2008 gewesen sein, hat mich meine Frau Sabine auf einen Aussteiger aus der Medienbranche aufmerksam gemacht, der seit einiger Zeit als Senner sein Zubrot verdient. Sie kennen ja mittlerweile den Stellenwert, den die Natur in der Zwischenzeit für mich erlangt hat. Ich habe dies als gute Möglichkeit betrachtet, mich ihr weiter anzunähern und noch mehr von ihr zu lernen. Mein Zahnarzt, vielen Dank nochmals dafür, Herr Dr. Pietsch, hat mir umgehend die Möglichkeit dazu eröffnet, Erfahrungen als (Zweit-) Senner zu sammeln. Die Hütte, die ich in dieser Zeit mit dem Senner, mit sechs Kühen, drei Stück Jungvieh und einen Haufen Strohballen teilte, war auf knapp 2000 Metern Seehöhe. Und allein schon diese Hütte war den Aufenthalt wert. Urig, uriger, am urigsten. Und soweit das Auge reichte, dort gab es nur Landschaft und nochmals Landschaft, genauso wie ich es mir vorgestellt und gewünscht hatte.

Senner „Tone" hat mich dort oben bestens geführt und geleitet. Er zeigte mir das Melken und das Zusammenbauen der Zentrifuge (sein Heiligtum), mit der wir den Rahm von der Milch trennen konnten, er zeigte mir, wie ich aus Rahm Butter machen konnte und wie lange ich dafür die Butter rühren musste. Er zeigte mir, wie ich Buttermilch und saure Milch machen konnte, und er zeigte mir, wo der Topfen herkommt und wie das mit dem Käsen funktioniert. Das Stallausmisten brauchte er mir nicht zu erklären, das kannte ich schon aus meiner Kindheit, ebenso wie das Platzmachen auf dem überfüllten Misthaufen für neuen Kuhmist. Und er machte ein Frühstück, mit nichts zu vergleichen! Übrigens, Frühstück gab es erst ab etwa 9 Uhr, nachdem die Kühe gefüttert und gemolken worden sind, und nachdem der Rahm von der Milch mit Hilfe der Zentrifuge getrennt worden ist. Aber dann, dann gab es Ei, jede Menge Ei mit Schinken, mit Speck, mit Käse, mit Kräutern (wie das alles in der Pfanne am Herd gebrutzelt hat, diesen Ton müssen Sie sich einmal vorstellen), mit selbstgemachtem Brot, auf dem so richtig dick Butter draufgeschmiert war und einer frisch gemolkenen Milch, die direkt vom Produzenten kam. Wie gesagt, mit nichts auf der ganzen Welt zu vergleichen.

Und ich habe mit einem Mal gesehen, **wie wenig der Mensch eigentlich braucht, um leben zu können** und **wie wenig der Mensch braucht, um glücklich sein zu können!!!**

Auf diese Weise, Tone, nochmals vielen Dank!

Und ich kann mir auch sehr gut vorstellen, dass so ein Senner-Dasein für eine gewisse Zeit für ganz viele Menschen enorm hilfreich sein könnte, um viele Dinge in ihrem Leben wieder relativieren zu können, und um sie wieder auf die Reihe zu bekommen, um erkennen zu können, was im Leben wichtig ist, was weniger wichtig und was es überhaupt nicht ist!

* * * * * * * * * * * *

Kapitel 12

Von der Alm zurück

Erinnerungen an vier Zeichen für meinen weiteren Weg

Von der Alm wieder nach Hause zurückgekehrt, es war Ende September 2008, sind mir die letzten Wochen in der Klinik wieder in den Sinn gekommen. Ich konnte mich mit einem Mal wieder an so manches erinnern, dem ich damals allerdings überhaupt keine Bedeutung beigemessen habe. Damals habe ich ja damit begonnen und auch gelernt, mich in der Natur sehr aufmerksam aufzuhalten. Ich war in ihr und mit ihr, einmal rasch, einmal langsam und einmal bewegungslos, je nachdem, wie sie es erforderte, je nach Situation. Es konnte sehr leicht und angenehm sein, wenn ich mich mit ihr bewegte, es konnte auf der anderen Seite aber auch sehr mühselig und sehr schmerzhaft sein, wenn ich mich gegen sie stellte, und das im Kleinen wie im Großen.

Zu Hause erinnerte ich mich wieder daran, dass es dort, nämlich in einem der Klinik nahegelegenen Wälder, eine kleine Lichtung gab, auf der ich mich öfter aufhielt. Da stand auch verwaist eine alte und klapprige Mühle aus teilweise schon vermorschtem Holz. Direkt vom Bach oberhalb dieser Mühle lief das Wasser durch eine alte und große Holzrinne in einen kleinen Teich, der den nostalgischen Anblick erst vervollkommnete.

Eines Tages, ich hatte gerade gute Tage gehabt, bemerkte ich, dass das Wasser in dieser Holzrinne viel, viel stärker floss als zu den anderen Zeiten bisher. Das Fließen des Wassers ist sichtbar mehr geworden. Und nun, zu Hause, nahm ich dieses wieder verstärkte Fließen, welches einherging mit einem besseren Wohlbefinden meinerseits, für mich als Zeichen, dass es auch in meinem Leben wieder verstärkt zu einem Fließen kommen wird, dass Blockaden und Barrieren aufbrechen und niedergerissen werden und mein Leben wieder in Fluss kommen wird.

Ich erinnerte mich aber auch daran, dass ich tags darauf auf einer riesengroßen Wiese stand und in die Ferne spähte. Es war kalt und windig. Und wie ich so über das weite Land blickte, bemerkte ich, dass der Wind immer kräftiger und kräftiger durch das hohe Gras zu wehen begann. Ich konnte erkennen, wie sich die Tausenden und Abertausenden Gräser wie in Wellen immer weiter vorwärts bewegten, immer weiter und weiter, Welle für Welle. Es war wie ein Fließen, so als ob ein grüner Fluss sich seinen Weg durch die weite Landschaft bahnen würde. Und auch hier nahm ich nun das erneute Fließen für mich als Zeichen für eine bessere Zukunft in Anspruch, und dass mein Leben wieder in Fluss kommen wird.

Ich erinnerte mich aber auch daran, dass ich wiederum einen Tag später durch die Wälder streifte, neue Wege erkundete, und dass ich dort einem Weg gefolgt bin, der steil nach unten abgefallen ist, und dass ich dort unten dann kurz verharren musste. Nach diesem kurzen Innehalten nahm ich meinen Streifzug wieder auf und folgte meinem eingeschlagenen Weg, der dann irgendwann wieder nach oben führte. Jetzt, zu Hause, viele Monate danach, konnte ich mich auch wieder daran erinnern, dass dieser Weg nach oben, links und rechts von hohen Sträuchern und Bäumen begleitet war, dass dieser Weg, bei dem die Sträucher und Bäume oben in den Wipfeln zusammengewachsen waren, mir einen Tunnel zeigte. Und ich konnte mich erinnern, dass ich am Ende dieses Tunnels den blauen Himmel sah. Jetzt, zu Hause, viele Monate danach, habe ich erkannt, dass ich damals den Weg meines Lebens symbolisch nochmals gegangen bin. Ich bin von hoch oben nach tief unten gefallen, habe mich etliche Zeit im Tief aufgehalten und habe mich dann ganz langsam wieder auf den Weg nach oben gemacht. Und dort habe ich auch das Licht am Ende des Tunnels gesehen.

Ab diesem Zeitpunkt war es nun für mich das vielzitierte Licht am Ende des Tunnels, welches mir meinen Weg in meine weitere Zukunft zeigen wollte. Und das schöne daran ist, dass es von all dem sogar noch bildliche Beweise gibt!

Zu Hause erinnerte ich mich aber auch wieder, dass mich Heribert, der ebenfalls dem Burnout zum Opfer gefallen war, ein paar Tage später in der Klinik um ein Gespräch bat. Wir haben uns damals im Ort zusammengesetzt und haben geredet und geredet. Er hat gefragt und gefragt und ich habe erzählt. Ich habe ihm alles erzählt. Alles. Auf dem Rückweg in die Klinik blieb er ohne ersichtlichen Grund in der Mitte der Straße stehen und sagte zu mir: „Gerhard, du bist bereit! Du bist schon bereit!" Und jetzt zu Hause, viele Monate danach, ist es mir wie Schuppen von den Augen gefallen. Unfassbar, was er damals gesagt hat. Ich habe nämlich meinen Vater schon vor langer Zeit gebeten, dass er mir so vieles erklären soll. Das Leben, den Tod, das Leben nach dem Tod, die vielen Botschaften und so vieles mehr. Seine einzige Antwort aber war immer: „Ich kann dir darüber zu lesen geben, aber erklären, erklären kann ich es dir nicht! Denn um zu verstehen, dazu musst du bereit sein!" Und nun bestätigt mir Heribert auf einmal den Zustand, das Augengleiche, was mein Vater vor x Jahren zu mir gesagt hat, was ich sein soll, damit ich es verstehen kann: „Du musst bereit sein dafür!" Und mein Freund Heribert bestätigte mir: „Gerhard, du bist bereit!" Für mich beinahe unglaublich! Einfach unfassbar, was sich da in mir abgespielt hat! Ich war überwältigt von der Fülle der Zeichen und ich war überwältigt von der Kraft der Zeichen! Und mit diesen Erinnerungen an all diese Erkenntnisse während meines Klinikaufenthaltes und an meine neuen Erfahrungen als Senner, habe ich mich dann auch wieder an noch viel weiter zurückreichende Gedanken erinnern können.

Kapitel 13

Erinnerungen an so manches, was ich schon immer wollte

Ein Buch schreiben

Etliche Seiten vorher schrieb ich, dass ich in meiner aktiven Berufszeit der Meinung war, dass ich nichts außer den Bankgeschäften könne. Ich konnte mich jetzt wieder erinnern, dass ich doch in meiner aktiven Zeit irgendwann öfter den Wunsch gehabt hatte, ein Buch zu schreiben! **Ich wollte immer schon ein Buch schreiben!** Ich schrieb nur deshalb keines, weil ich nämlich nicht wusste, worüber ich überhaupt schreiben sollte! Ich wusste nicht, wovon das Buch handeln sollte!

„Aber jetzt weiß ich es! Jetzt weiß ich worüber ich schreiben werde! Ich schreibe ein Buch über meine Lebenserfahrungen! Ich habe genug erlebt, um über sie zu schreiben! Ich glaube, ich habe sehr viel mitzuteilen! Ich glaube, ich habe genug Schicksalsschläge erlebt, und ich glaube, es sind gerade meine eigenen Erfahrungen und mein eigener Umgang mit Burnout und Depressionen, wie ich sie erlebt habe, wie es mir dabei ergangen ist, was mir eine Stütze war, und was nicht!“ Ich habe einen Stift und ein paar Blätter Papier genommen, mich dorthin gesetzt, wo ich allein und ungestört war, und habe an meinem Buch zu schreiben begonnen! Ich schrieb, was mir gerade in den Sinn kam! Ich habe nie versucht jetzt unbedingt und mit Gewalt etwas zu schreiben, weil ich eben ein Buch schreiben wollte, nein! Wenn ich das Gefühl hatte, schreiben zu wollen, dann schrieb ich, wenn ich das Gefühl nicht hatte, dann schrieb ich eben nicht! Je nachdem! Und ich wusste, es war gut so! So wie es war, war es gut!

Mein Buch begann ganz langsam zu leben, genauso wie ich wieder langsam zu leben begann!

Notleidenden helfen

Ich konnte mich jetzt auch wieder erinnern, dass ich an der Börse einmal großes Geld verdienen wollte, und das, obwohl es meiner Familie und mir unsere ganzen Jahre über in allen Belangen gut ging, wir alles hatten, was wir für uns brauchten und sogar noch ein kleines bisschen mehr! Ich wusste aber eigentlich nicht wofür! Wie gesagt, uns ging es sehr gut! Wir brauchten es auch nicht! Auf jeden Fall investierte ich eine sehr hohe Summe, weil ich ja „richtiges Geld" verdienen wollte und das, obwohl wie schon gesagt, ich es weder brauchte, noch wusste, für wen oder was ich soviel Geld machen sollte! Und jetzt weiß ich, wofür ich das viele Geld haben wollte, wofür ich es schon immer haben wollte! Ich wollte immer schon Frauen und Kindern helfen! **Ich wollte immer schon missbrauchten und vergewaltigten Kindern und Frauen helfen!** Ihnen eine Möglichkeit, ein vorübergehendes Zuhause bieten, in der sie keine Angst mehr zu haben brauchen, sie sich nicht mehr verfolgt fühlen müssen, in der sie sich wohl und geborgen fühlen können, in der sie wieder normale Kinder und Frauen sein können! Es soll sich um ein Zuhause in der Natur handeln, in der sie mit der Natur leben lernen können! Ein zu Hause, bei dem es Katzen, Hunde, Hasen, Pferde, Hühner, Ziegen, Kälber und Kühe gibt, mit denen sie spielen und arbeiten können, mit denen sie leben und gesund werden können!!

Das war es, was ich wollte, das war es!! Und dafür wollte ich das viele Geld haben!! Auch wenn es anders gekommen ist mit dem Geld, ich lasse mich trotzdem von meinem Vorhaben nicht abbringen! Ich werde Geldgeber für dieses Vorhaben aufbringen! Ich werde sie überzeugen! Ich werde sie davon überzeugen, dass sie ihr Geld damit einer guten, notwendigen und lebenswichtigen Einrichtung zur Verfügung stellen! Dass sie sagen werden: „Wir glauben daran! Dieses Vorhaben unterstützen wir gerne! Wir wollen Vorreiter auf dem Gebiet sein! Wir erkennen die Wichtigkeit einer solchen Einrichtung! Wir wollen mit gutem Beispiel vorangehen! Bevor wir das Geld dem Finanzamt geben, stellen wir es viel lieber solchen sinnvollen Zwecken zur Verfügung!“ Für mich ist es das Wichtigste, die Möglichkeiten und Einrichtungen dafür zu schaffen, dass ich und wir alle die betroffenen Personen, diese misshandelten und vergewaltigten Kinder und Frauen, reich an Umarmungen, reich an Liebe, reich an Verständnis und reich an lebenswertem Leben machen können! Toll wäre es, wenn es viele solcher Häuser geben würde, damit so viele Kinder und so viele Frauen wie nur möglich wieder zurück in ihr Leben finden können! Genau das ist es, was ich machen möchte, genau das wird mein neuer Lebensinhalt sein:

Helfen!

Seitdem ich die Qualen von Burnout und von Depressionen an mir selbst erfahren, ich auch viele andere Menschen gesehen und kennenlernt habe, denen es gleich oder vielleicht noch schlimmer ergangen ist als mir, kam mir wieder ein anderer, oft gedachter Gedanke aus vergangenen, aus aktiven Zeiten in den Sinn! Ich dachte in meiner Berufszeit oft daran, **dass ich irgendetwas erfinden möchte, das nach Möglichkeit alle Menschen auf der ganzen Welt brauchen könnten!** Ziel war es, damit wiederum viel Geld anzuhäufen! Die Frage war natürlich wieder, wofür ich soviel Geld anhäufen möchte, wenn ich es für mich nicht brauchte? Und auch hier wusste ich es nicht! Und jetzt weiß ich auch hier, wofür ich das viele Geld haben wollte, wofür ich es schon immer haben wollte. Jetzt erhielt ich auf diese schon so lange bestehenden Fragen und Gedanken endlich meine langersehnte Antwort!

Zur besseren Erklärung:

Auf den ersten Seiten habe ich über meine Krankenhaus- bzw. Klinikaufenthalte folgendes geschrieben:

Dort habe ich im Laufe der Zeit viele Menschen kennengelernt, denen Ähnliches und Gleiches widerfahren ist, die ähnliche und gleiche Symptome gehabt haben wie ich. Sie alle waren schwer gezeichnet von ihrem Burnout und von ihren Depressionen! Sie alle waren wie ein Schatten ihrer selbst! Ich habe sie erlebt, wie sie in die Klinik gekommen sind. Ich habe sie gesehen. Und ich habe auch ihren Blick gesehen. Einen Blick, der unendliches Leid zeigte! Der die Schmerzen von körperlicher und seelischer Vergewaltigung zeigte! Der zeigte, wie sie missbraucht worden sind, nicht anerkannt und gedemütigt wurden, von ihren Arbeitgebern – von ihren Vorgesetzten – von ihrem Beruf – von ihren Arbeitskollegen – von ihren Eltern – von ihren Vätern – von ihren Müttern – von ihren Kindern – VON UNSERER GESELLSCHAFT!!

Und sie alle waren wie ich auch auf der Suche

Ja, sie alle waren irgendwann genauso auf der Suche wie ich. Auf der Suche nach einem Weg, der herausführt aus ihrem und aus meinem Elend! Auf unserer verzweifelten Suche mit dem Ziel, endlich wieder normal sein zu können! So, wie wir es früher immer waren, in unserem vorherigen Leben.

Und irgendwann haben wir uns in die Arme genommen
und uns gehalten!

Gehalten, gehalten und gehalten!

Und schon nur das Halten war gut!

Ja, das Halten hat gutgetan, es hat wirklich geholfen!

Und obwohl wir uns noch nicht lange kannten, kannten wir uns!

Wir waren wir!

Ich bin ein Mensch, der gerne hilft, das war ich immer schon. Ich war daher einer, der eher gehalten hat. Ich habe es gerne getan, sehr gerne sogar! Und ich habe auch viele Gespräche gehabt, und auch die habe ich gerne gemacht. Und ich habe jedesmal ein tiefes und aufrichtiges DANKE dafür zurückerhalten!

„DANKE, DASS DU MICH GEHALTEN HAST!“

„DANKE, DASS DU ZEIT FÜR MICH GEHABT HAST!“

„DANKE, DASS DU MIR ZUGEHÖRT HAST!“

„DANKE! DANKE! DANKE!“

Jedes „Danke“ ist bei mir sehr, sehr tief gegangen! Jedes „Danke“ hat auch mich in meinem Heilungsprozess weitergebracht! Jedes „Danke“ hat auch mir geholfen!

„DANKE! DANKE! DANKE!“

UND JETZT WEISS ICH AUCH, WAS ALLE MENSCHEN DIESER WELT BRAUCHEN!!!

SIE ALLE BRAUCHEN EINE UMARMUNG, SIE WOLLEN GEHALTEN WERDEN! JEDER MENSCH KOMMT EINMAL IN SEINEM LEBEN IN DIESE SITUATION, IN DER ER EINE UMARMUNG BRAUCHT! EGAL WELCHER MENSCH DAS IST! EGAL OB REICH, OB ARM, OB JUNG, OB ALT! ES KOMMT FÜR JEDEN MENSCHEN DIE ZEIT, IN DER ER EINE, MEHRERE ODER VIELE UMARMUNGEN BRAUCHEN WIRD!! DAS IST SO SICHER WIE DAS AMEN IM GEBET!!

Und das Tolle an der Sache ist nun, dass ich nichts zu erfinden brauche! Es ist schon alles da! Die Umarmungen, die Zeit dafür und das offene Ohr, sie sind bereits da! Nichts muss von mir neu erfunden werden! Nichts! Ich brauche es nur herzunehmen! Es ist bereits alles vorhanden!
Ja, es ist so:

„ALLE MENSCHEN BRAUCHEN UND WOLLEN IRGENDWANN EINMAL JEMANDEN, DER ZEIT FÜR SIE HAT!“

„ALLE MENSCHEN BRAUCHEN UND WOLLEN IRGENDWANN EINMAL JEMANDEN, DER IHNEN ZUHÖRT!“

„ALLE MENSCHEN BRAUCHEN UND WOLLEN IRGENDWANN EINMAL JEMANDEN, VON DEM SIE GEHALTEN WERDEN!“

Ich glaube, das ist in den meisten Fällen die beste und wirksamste Medizin überhaupt! Ich bin sogar überzeugt davon, dass es so ist! **Ich möchte daher für Menschen, die unter Burnout und unter Depressionen leiden, eine eigene Spezialklinik bauen!** Ich habe erlebt, wie diese Kliniken aufgebaut sind, wie sie funktionieren und was sie für ihre Patienten anbieten oder nicht anbieten. Wo sie ihre Prioritäten gesetzt haben, und wo die ihrer Patienten waren! Und ich habe gesehen, was mich selbst unterstützt hat, und was mir keine Hilfe war. Ich habe gesehen, was den anderen Patienten gut getan und was nicht! Ich habe viele neue Erkenntnisse in diesen ersten acht Monaten gewinnen können! Erkenntnisse in Bezug auf meine Person, Erkenntnisse in Bezug auf die meiner Mitpatienten, auf die meiner Therapeuten und auf die meiner und unserer Therapien! Und ich bin für alles sehr dankbar! Sie alle haben mir sehr viel geholfen auf meinem neuen Weg! Daher möchte ich eine solche Klinik bauen! Nein, eigentlich keine Klinik, sondern **EIN HAUS DER UMARMUNG!!** Ich möchte ein Haus der Umarmung bauen, in dem Menschen mit Burnout und Depressionen geholfen wird! So geholfen wird, dass sie wieder in ein Leben finden, dass für sie lebenswert ist! Ein Haus mitten in der Natur! Ein Haus mitten in der Natur mit Tieren zum leben Lernen und zum Leben! Wir sind wir!

Wir alle wissen, dass **Burnout** und **Depressionen** in den nächsten Jahren weiter sehr stark zunehmen werden, dass sie **zur Volkskrankheit Nummer 1 aufsteigen,** und dass sie überall ihre Spuren hinterlassen werden! Sie werden Spuren des Leides und der Verbitterung hinterlassen in den Beziehungen, in den Familien und bei den Freunden, sie werden Spuren der Verzweiflung und der Trauer hinterlassen bei ihren Arbeitgebern und bei den Mitarbeitern, bei allen Mitmenschen und unserer Gesellschaft. Je früher wir dagegen etwas unternehmen werden, desto besser, desto besser für uns alle!! **Ansonsten werden wir sie nämlich noch viel mehr brauchen, als wir sie ohnehin schon brauchen, diese Häuser der Umarmungen!** Gehen Sie mit mir diesen Weg! Machen Sie sich mit mir gemeinsam auf! Bauen wir ein Haus der Umarmung! Bauen wir viele Häuser der Umarmungen! Tun wir es für uns, tun wir es für uns alle!

* * * * * * * * * * * * *

Kapitel 14

Meine zukünftigen Aufgaben

Ich habe Ihnen erzählt, dass ich in meiner aktiven Berufszeit zu dem Entschluss kam, dass ich außer dem Bankgeschäft nichts anderes machen könnte. Jetzt aber hat sich auf einmal etwas ganz anderes herausgestellt: Plötzlich kann ich ein Buch schreiben und ich fühle mich total wohl dabei! Plötzlich habe ich die Idee ein „Haus der Umarmung“ und ein „Haus für misshandelte Kinder und Frauen“ zu bauen und kann mich dafür einsetzen und stark machen, dass diese Idee auch in die Tat umgesetzt wird! Plötzlich möchte ich Vorträge über meine Lebenserfahrungen und über meine Erkenntnisse halten! Plötzlich möchte ich Unternehmen beraten, wie sie ihre Mitarbeiter vor Burnout und Depressionen schützen können! **Plötzlich habe ich so vieles entdeckt, was ich machen kann und noch tun werde! Das Warten und das Geduld haben, das „sich alle Zeit der Welt geben“, hat sich für mich jetzt schon mehr als ausgezahlt!** Ich habe jetzt auch verstanden, was mir jenes Ereignis in der Nacht von Dienstag auf Mittwoch zeigen und sagen wollte. Mir sollte dadurch nochmals mein Vertrauen in mich selbst und meine Furchtlosigkeit bestätigt werden. Es wollte mir deutlich machen, dass mein neuer, bereits von mir eingeschlagener Weg „mein Weg“ ist, mein richtiger Weg, mein richtiges Denken, mein richtiges Fühlen, mein richtiges Tun und Handeln! Und ich glaube auch zu wissen, warum mein Weg aus dem Jenseits in jener Nacht so grauenvoll war und ich denke, auch dies habe ich verstanden! Diese verstärkte Intensität wollte mir unmissverständlich zu verstehen geben:

„Wovor soll ich mich in meinen Leben noch fürchten?“

„Wovor?“

„Ich habe dem Tod ins Auge geblickt!“

„Ich stand von Angesicht zu Angesicht mit des Menschen größtem Feind!“

„Und das Einzige was hier zählt ist: „Ich bin hier!“

„Ich lebe!“

„Ich war stärker als der Tod!“

„Wovor soll ich mich also in meinem Leben noch fürchten?“

„Wovor?“

„Es gibt nichts, vor dem ich mich fürchten muss! Vor gar nichts!“

„Ich habe Vertrauen in mich und in meine Gedanken!“

„Ich lebe meine Gedanken und meine Visionen, ich lebe sie und niemand wird mich je daran hindern!“

„Ich lebe mein Leben!“

„Ich weiß jetzt, was Leben für mich bedeutet!“

Ich für mich bin heute mehr denn je davon überzeugt, dass meine Gedanken mein Leben im großen Ausmaß mitgestaltet, wenn nicht sogar komplett geprägt haben!

Ich glaube auch zu wissen, wie ich in Zukunft meine Gedanken für mich, für mein Leben und für meine Familie am besten einsetzen werde!

Ich habe eine Familie und ihr gegenüber eine dementsprechende Verantwortung! Ich habe bisher alles getan, um dieser Verantwortung gerecht zu werden, und ich werde es auch weiterhin tun, aber ich weiß jetzt, dass es in Zukunft ganz leicht und ganz einfach gehen wird, weil ich erkannt habe, was mein Leben am stärksten beeinflusst hat und ich mehr denn je darauf vertrauen kann.

Weil ich jetzt weiß, wer in meinem Leben

die Hebel bedient:

ICH UND MEINE GEDANKEN ALLEIN SIND ES!

So ist es und so wird es sein und ich freue mich darauf! Ich freue mich auf mein neues Leben, das in meiner tiefsten Krise schon begonnen hat!

* * * * * * * * * * * *

Kapitel 15

Erfahrungen mit dem Mut zum selbständigen Denken und dem Mut zum selbständigen Handeln

Mein Burnout und meine Depression, so schlimm diese Zeiten auch waren, haben mir die Augen geöffnet und mir den Mut gegeben, selbstständig zu denken und selbstständig zu handeln. Vielleicht auch deshalb, weil ich zu diesem Zeitpunkt ganz einfach nichts mehr zu verlieren hatte, weil ich mit dem Rücken zur Wand stand. Sie haben mir aber auch den Mut gegeben, mein Leben komplett umzugestalten, nämlich so, wie ich glaube, dass es für mich passt! Ich habe von meinem ganzen bisherigen Leben losgelassen. Ich habe auch alles abgegeben, was ich jemals besessen habe. Ich habe auch meine Frau Sabine freigegeben. Ich habe ihr gesagt, dass ich vollstes Verständnis dafür habe, wenn sie mit einem Mann, der so ein Krankheitsbild wie ich es mit mir herumtrage, nicht zusammen sein, mit ihm nicht mehr verheiratet sein möchte. Und ich bin ihr auch nicht böse, wenn sie sich gegen mich entscheidet. Im Gegenteil, ich kann sie gut verstehen und ich werde sie auch weiterhin im Rahmen meiner Möglichkeiten unterstützen. Ich verlasse auch ohne irgendwelche Umstände das Haus, in dem wir bis jetzt gemeinsam gewohnt haben. Sie und meine Kinder können alles haben, was da ist! Ich komme schon zurecht. Ich weiß das! Ich habe ihr alles gegeben, was ich je gehabt habe! Haus, Hof, Grund, Auto, einfach alles! Ich wollte ihr den Druck und die Angst nehmen! Ich wollte und ich habe ihr alles gegeben! Sie hat es verdient! Sie hat es mehr als verdient! **SIE IST EIN BESONDERER MENSCH UND MEINE KINDER SIND ES AUCH!**

Verstehen Sie mich jetzt aber bitte nicht falsch, ich will nicht erreichen, dass auch Sie sich von allem trennen, überhaupt nicht! Ich will damit einfach nur den Mut ausdrücken und das Vertrauen aufzeigen, das ich in mich bekommen habe, um solche Schritte setzen zu können. Es geht mir hier darum zu zeigen, dass jeder kann, soll und darf, diesen Mut aufzubringen, für sich selbst zu entscheiden, was er will und was er nicht will, und das im Großen wie im Kleinen! Ich **MÖCHTE IHNEN MIT DIESEM BUCH AUCH MUT ZUSPRECHEN, IHREN EIGENEN WEG ZU GEHEN** und dass Sie nichts und niemand davon abhalten kann, wenn sie es nicht wollen! Sie wissen selber, was für Sie das Beste ist! Sie kennen sich selbst am besten! Sie wissen, was für Sie gut ist und was nicht! Wenn Sie wollen, kann Sie keiner von dem abhalten, was Sie möchten und es kann Sie niemand zu Dingen mitreißen, die Sie nicht möchten.

Sie wissen ja selbst, auch Experten vertun sich, auch sie irren sich, reihenweise irren sie sich. Ein Beispiel nur aus meiner seinerzeitigen Tätigkeit gefällig?

Ende der Achtzigerjahre hat die ganze Welt von der japanischen Wirtschaft und der Börse dort geschwärmt. „So muss man es machen, die machen es richtig“, war von überall zu hören und es wurde fast unbegrenztes Wachstum in Aussicht gestellt. Das war im Jahre 1990 und der japanische Aktienindex stand bei rund 40.000 Punkten. Dann, irgendwann, aus heiterem Himmel begannen die Kurse nachzugeben und das ohne ersichtlichen Grund. Zuerst nur ein klein wenig, dann ein klein wenig mehr, und dann so lange, bis man bei nur mehr ca. 14.000 Punkten (1992) angelangt war, was letztendlich einen Verlust von sage und schreibe von fast 70 % ausgemacht hat. Und, ob Sie es glauben oder nicht, wir stehen heute erst wieder bei – „Daumen mal Pi“ – 15.000 Punkten. Sie sehen, hier haben sich viele Experten nicht nur geirrt, sondern sie haben sich sogar ganz gewaltig geirrt.

Ein Beispiel aus der heutigen Zeit möchte ich Ihnen auch noch zeigen: Alan Greenspan, vor gar nicht allzu langer Zeit Chef der amerikanischen Notenbank und somit auch einer der mächtigsten Männer der Welt, wurde von ganz vielen Experten aus der Finanzwelt wegen seiner Geldpolitik in höchsten Tönen gelobt. Wenn er sprach, dann herrschte absolute Stille und alle hingen an seinen Lippen. Ich möchte ihm nichts unterstellen, aber durch seine Geldpolitik hat er die Märkte mit Geld überschwemmt. Soviel Geld konnte die Wirtschaft gar nicht aufnehmen, also flossen enorme Summen in die Aktienmärkte, in die Edelmetallmärkte, in die Rohstoffmärkte, in die Immobilien usw. Das Geld war einfach viel zu billig geworden, einen Kredit bekam man schon für ein paar läppische Prozent und warum soll ich, so die Denkweise vieler, nicht einen Kredit für ein paar Prozent aufnehmen, wenn ich dieses Geld dann auf der anderen Seite in die verschiedensten Märkte investieren, wenn ich dort ganz einfach einen wesentlich höheren Ertrag erzielen kann. Soll soviel bedeuten wie der Kredit kostet mich 4 % Zinsen, an der Börse verdiene ich mit dem Geld 10 %, bleibt unterm Strich ein netter Gewinn von 6 % übrig und das, obwohl ich das Geld dazu eigentlich gar nicht gehabt habe. Und, nachdem ja auch die Immobilienpreise immer weiter angestiegen sind, war es den Amerikanern noch zusätzlich auf diese Weise möglich gemacht worden, ihre Kredite, die ja durch ihre Häuser bei den Banken besichert waren, immer höher aufzustocken. Dies geht natürlich nur so lange gut, wie die Immobilienpreise steigen. Viele haben aber auch leider übersehen, dass die Immobilienpreise mittlerweile astronomische Höhen erreicht haben (Japan 1990 lässt grüßen). Und wie wir aus der Geschichte schon wissen, geht jeder Boom einmal zu Ende. Und auch dieser Boom wird zu Ende gehen und ich habe, ehrlich gesagt, kein gutes Gefühl, wenn ich an den Ausgang denke. Vor allem auch deshalb nicht, weil ich an die weltweite Vernetzung (Globalisierung) der Finanzsysteme denke.

Aber ich brauche mit meinen Beispielen gar nicht so weit in die Ferne schweifen. Ich kenne in unseren Breiten u. a. nicht nur Bankfilialleiter, die den Hintergrund eines endfälligen Fremdwährungskredites mit Tilgungsträger nicht nur nicht verstehen, sondern ihn auch nicht berechnen können. Und wenn Sie Pech haben, dann kommen gerade Sie zum Handkuss! Wie dem auch sei, ich glaube, dass sich diese Aufzählungen noch sehr viel weiter fortsetzen ließen, und sie würden auch viele andere Bereiche des Lebens betreffen. Was ich aber damit erreichen will ist, einfach aufzuzeigen, dass die vermutlich Weltbesten auch nicht immer alles richtig machen. Also, warum soll uns zwischendurch nicht ebenso der eine oder der andere Lapsus passieren können? Ich möchte damit auch sagen und auch bewusst machen, dass jeder den Mut haben kann, seinen eigenen Weg für sich zu suchen, auch wenn bei dieser Suche Missgeschicke passieren sollten, denn es spielt überhaupt keine Rolle. Es gehört sogar dazu, dass das eine oder andere danebengeht. Bitte nur ja kein schlechtes Gewissen aufkommen oder gar einreden lassen! Ich kann an Sie nur appellieren, haben Sie den Mut Ihren Weg zu gehen, ganz egal welcher es ist! Und wenn Sie heute glauben, dass das Straßenfegen Ihre Berufung ist, dann soll es so sein. Denn nur dann, wenn Sie es gerne machen, wenn Sie es mit Freude tun, werden Sie es auch besonders gut machen! Und auch nur dann werden Sie glücklich und zufrieden sein! Und ich glaube daran, dass **NUR DAS ZÄHLT!** Denn wenn Sie glücklich und zufrieden sind, dann kommt alles andere, all die anderen guten und schönen Dinge irgendwann von ganz allein nach!

Wenn ich von Mut für den eigenen Weg schreibe, dann beinhaltet dies auch den **MUT ZU EIGENEN GEDANKEN!** Ich muss mir heute von niemandem mehr einreden lassen, dass ich als Arbeitnehmer ab 35, vielleicht 40 Lebensjahren zum „alten Eisen“ gehöre, sondern dass Lebens- und Berufserfahrung, Zuverlässigkeit, Stabilität genauso Dinge sind, auf die es ankommt, wie auf jugendliche Frische und jugendliche Agilität, auf jugendlichen Forschungs- und Entwicklungsdrang. Und ich muss mir auch nicht einreden lassen, dass wir alle nur schön, jung und dynamisch sein müssen, um gefragt zu sein. Und schon gar nicht, was heute in der Mode ein „Must have“ ist, also etwas, das ich heute unbedingt brauche, nur um mir ein Jahr später, wenn überhaupt, wieder sagen lassen zu müssen, dass jetzt das gleiche Stück ein „No go“ ist, also etwas, das ich jetzt auf einmal nicht mehr anzuziehen habe. Und noch viel weniger, dass es angeblich ein Waschmittel gibt, das „weißer als weiß“ wäscht und auch nicht, dass ich nur dann kraftvoll zubeißen werde können, wenn ich eine bestimmte Zahnpasta verwende. Sie wissen ja selbst, was so alles rund um die Uhr versucht wird, uns einzureden.

Ich weiß aber auch, dass oft mit unserer Angst gespielt wird, dass man uns oft indirekt, aber auch oft direkt glauben lässt, dass wir auf so vieles angewiesen sind, wie zum Beispiel auf unseren Partner, weil wir mit ihm Kinder haben, obwohl dieser immer in fremden Revieren wildert und uns „schlecht behandelt“, und wir eigentlich viel lieber einen hätten, der uns wirklich liebt und respektiert so wie wir sind, oder dass wir auf unseren Job angewiesen sind, obwohl wir ihn schon lange Zeit nur mehr angewidert erledigen und eigentlich viel lieber etwas anderes arbeiten möchten, das uns besser gefällt! Besteht unser Leben nicht aus so vielen vermeintlichen Abhängigkeiten, von denen wir nicht imstande sind, uns zu lösen?

Ich glaube, dass jeder Einzelne von uns so vieles in sich hat! Wenn ich mich in unserer Heimat umschaue, dann sehe ich Menschen, eine Bevölkerung, Unternehmen, die so vieles zustande und zuwege bringen, die exzellente Arbeiten liefern, die tolle Ideen haben, und die Produkte von höchster Qualität erzeugen, die auch noch weltweit nachgefragt werden. Ich glaube auch daran, dass es bei uns noch so vieles zu tun gäbe. Es gäbe so viel Altes zu verändern und Neues zu erfinden, um zum Beispiel der Natur zu helfen, Natur zu bleiben bzw. wieder zur Natur zu werden. Oder es gäbe noch so viel zu tun, um die heutigen Errungenschaften so zu unterstützen, dass man sie so verändern kann, dass sie sich wieder der Natur anpassen bzw. sich ihr unterordnen. Es gäbe noch so viel zu tun, um eine **„WIN-WIN-WIN-SITUATION“ (Mensch, Natur, Unternehmen)** zu erreichen. Ich glaube, für mich daraus ersehen zu können, dass sich niemand, absolut niemand mit einem Job, der einen mehr frustriert, als er ihn zufriedenstellt, oder mit einem Partner, der einen permanent verletzt anstatt zu lieben und zu respektieren, abfinden und zufrieden geben muss. Jeder hat das Recht auf einen Beruf, der ihn erfreut und jeder hat das Recht auf einen Partner, mit dem er glücklich sein kann, genauso wie jeder das Recht hat, sich von seinen Abhängigkeiten, welche auch immer das sein mögen, zu lösen oder sie wieder auf ein gesundes Maß zu reduzieren!

Ich für mich habe jetzt gelernt und verstanden, dass, wenn ich bemerkt habe, dass ich mich auf dem falschen Weg befunden habe, die Möglichkeit habe umzukehren und einen anderen Weg einzuschlagen. Ich habe gelernt, dass Krisen auch immer wieder Möglichkeiten und Chancen bedeuten können, für jeden Einzelnen von uns, für mich, für Sie, für uns alle. Und um solche Gelegenheiten wahrzunehmen, bedarf es ein bisschen Vertrauens zu sich selbst und Mut sich einzugestehen, dass man vieles kann, wenn man nur möchte und man daran glaubt, es ist ein bisschen Zeit, um selbstständig zu denken und zu überlegen, es ist ein bisschen sich getrauen, eigene Gedanken zu haben und ihnen nachzugehen, es ist ein bisschen Eigenverantwortung, das zu tun, was ich glaube, was richtig ist oder was ich glaube, was getan werden muss, es ist ein bisschen gemeinschaftliches Miteinander und es ist ein bisschen Überzeugung von mir und meinem Tun. Ich glaube, es ist so vieles möglich! Es ist so vieles möglich für mich, für Sie, für uns! Tun wir es!

Jetzt möchte ich Ihnen noch verraten, was meine Frau mir erwidert hat, als ich ihr gesagt habe, dass ich sie freigebe und ich ihr nicht böse wäre, wenn sie von diesem Angebot Gebrauch machen würde. Ihre Antwort war: „Bist du verrückt! Jetzt, genau in dieser schweren Zeit, in der du wirklich jemanden brauchst, der dich unterstützt, der dir hilft und der dir zur Seite steht, soll ich dich verlassen? Ich glaube, du spinnst wirklich! Und außerdem liebe ich dich! Ich liebe dich!“ Kuss! – Ich habe ihr aber trotzdem alles gegeben. Ich liebe sie auch!

Kapitel 16

Erfahrungen mit „den anderen Akzeptieren“?

Ich möchte noch darauf eingehen und Ihnen erzählen, wie es sich bei mir persönlich zugetragen hat, weil sich immer andere Menschen dazu berufen fühlten, sich in mein Leben einzumischen, und mir immer sagen wollten, was ich zu tun habe, und was ich nicht zu tun habe, was falsch und was richtig ist. Es ist nämlich so, dass ganz viele Menschen anscheinend noch immer nicht wissen, dass das Leben so einfach sein kann, wenn man sich nicht dauernd in anderer Leute Angelegenheit einmischen muss. Dazu gehört auch, den anderen so sein zu lassen und ihn so zu akzeptieren, wie er ist, auch seine Meinung – und sei sie auch noch so absurd, dass es absurder nicht mehr geht und ihm nicht immer die eigene mit Gewalt aufdrängen will! Krankt es da nicht irgendwo gewaltig? Warum verurteilt man diesen, warum jenen? Warum verurteilt man, wie jemand aussieht, wie jemand dasitzt, wie jemand geht, wie jemand spricht, wie jemand ist? Ist es tatsächlich so schwer zu erkennen, dass dies alles früher oder später zu Konflikten führt, zuerst zu kleineren, später dann zu größeren, dass man zuerst wohl noch miteinander spricht, irgendwann dann aber nur mehr hinter des anderen Rücken, dann kennt man sich nur noch und zum Schluss kennt der eine den anderen nicht mehr! Ich habe miterlebt, wie die eine oder die andere Meinungsverschiedenheit zu einem handfesten Streit und zu gegenseitigen Beleidigungen ausgeartet, wie es sogar auch schon zu Handgreiflichkeiten gekommen ist, oder auch so weit, dass man ein ganzes Leben lang nicht mehr miteinander spricht! Nur, ich frage mich wofür? Wofür soll das alles gut sein? Es tut mir leid, aber so etwas kann ich leider nicht verstehen!

Ist es tatsächlich so schwer zu erkennen, dass Konflikte auf der einen Seite immer nur sehr viel Energie kosten, was ja eigentlich schon Grund genug wäre, sie zu vermeiden, nur um dann auf der anderen Seite, dort wo sie nämlich wirklich gebraucht würde, zu fehlen, und dort zusätzlich aber auch noch viel mehr gebracht hätte? Können Sie sich vorstellen, Ihre kostbare Energie auf diese Art und Weise zu verschwenden? Wie schon gesagt, ich akzeptiere die Welt, wie sie ist! Ich finde, die Welt ist schön, und es ist schön in ihr zu leben! Egal, wie ich lebe und wo ich lebe! So unterschiedlich dies auch klingen mag, es hat alles seine Qualität, seinen Sinn, seine Erfahrung! Ganz einfach, es einmal gespürt und erlebt, diese Erfahrung einmal gemacht zu haben, mein Leben um einen weiteren Abschnitt bereichert zu haben! Ja, ich weiß, ich werde in meinem Leben noch viele weitere bereichernde Abschnitte haben! Und egal, welche das sein werden, ich freue mich heute schon darauf, weil ich sie leben werde, jeden einzelnen! Und ich werde sie in Dankbarkeit leben! **Denn ich habe mir mein Leben wieder zurückgeholt. Es gehört wieder mir!**

Viele solcher Gedanken und Überlegungen sind mir im Laufe meines Klinikaufenthaltes, aber auch erst in der Zeit danach gekommen. Auf jeden Fall war absolut richtig für mich, mir alle Zeit der Welt zu geben und mich nach dem Sinn meines Lebens zu fragen!

* * * * * * * * * * * *

Kapitel 17

Erfahrungen an der Börse

Ich wollte es anfangs eigentlich nicht tun, ich wollte mich zu diesem Thema nicht äußern, weil ich zuerst der Meinung war, dass es nicht in dieses Buch gehört und es für mich derzeit auch nach wie vor keines ist. Da ich Ihnen aber erzählt habe, dass ich über mein ganzes Leben nachgedacht und es kritisch hinterfragt habe, auch wenn mich meine Schicksalsschläge fast dazu gezwungen haben, so habe ich mir ehrlicherweise auch darüber Gedanken machen müssen. Es ist nur ein Teil meiner Erfahrungen, die ich an der Börse gemacht habe, aber ich denke, dass es eine ganz wichtige ist, um Trends und Trendwendungen richtig einschätzen zu können. Sie haben bestimmt schon gehört – oder Sie haben diese schmerzliche Erfahrung vielleicht sogar schon selbst machen müssen –, dass an der Börse der sogenannte **KLEINANLEGER** meistens das Nachsehen hat, weil dieser erst bei hohen Kursen auf den schon lange fahrenden Zug aufgesprungen ist, nur um dann bei viel niedrigeren Preisen frustriert wieder das Handtuch zu werfen.

ANDRÉ KOSTOLANY, seinerzeit auch „Altmeister der Börse" genannt und einer der letzten großen Börsianer, dem bis zum Schluss trotz seiner mehr als 80 Jahre in Sachen Börse kaum einer das Wasser reichen konnte, (ich hatte das Glück und die Ehre, im Jahr 1990 André Kostolany in meine Heimatstadt zu holen, um hier einen gemeinsamen Vortrag mit ihm als Redner zu organisieren, Besucheranzahl: 900!), hat es, um dort dauerhaft erfolgreich zu sein, mir so erklärt, was ein Börsianer dazu braucht: **„GEDANKEN, GEDULD, GELD"**! Das letztgenannte ist klar, damit man investieren kann, das zweitgenannte schließt aus, dass an der Börse das schnelle Geld zu verdienen ist und das erste bedeutet, sich **SELBST**

GEDANKEN zu machen! Und dies entspricht auch meinen Erfahrungen. Haben Sie auch hier Mut zu eigenen Gedanken. Denn ich garantiere Ihnen, wenn Sie hier mit der Masse laufen, dann laufen Sie genau dorthin, wohin Sie eigentlich nicht möchten.

Und eines noch vorweg. Die Börse, Aktien oder Aktienfonds sind **KEIN TEUFELSZEUG,** überhaupt nicht, und man muss diese auch nicht meiden wie der Teufel das Weihwasser. Die Börse ist nämlich eine ganz wichtige Einrichtung, damit Unternehmen Geld für ihre Ideen und Visionen erhalten, und daran hängen wiederum jede Menge bestehende und auch noch neu zu schaffende Arbeitsplätze. Und die Aktie dazu ist nichts anderes als eine Beteiligung an einem solchen Unternehmen, nicht mehr und nicht weniger. Der Vergleich mit einem Spielcasino hinkt also ganz gewaltig, obwohl es in bestimmten Zeiten durchaus diesen Eindruck erwecken mag. Diese Zeiten der extremen Ausartungen nach oben sind dann aber meistens geprägt von einer großen menschlichen Schwäche, nämlich die der Gier. Dies sind dann die Phasen, in denen ganz viele Leute mit Schaum vor dem Mund herumrennen und die anderen guten menschlichen Eigenschaften wie Respekt vor dem anderen, Loyalität, Liebe, Solidarität, Treue etc. beiseite gelegt haben, nur um dann eine Geisel des Geldes und der Macht zu werden. Und umgekehrt ist das andere Extrem dann die Phase, in der alles zusammenzubrechen scheint, die Phase, in der die nackte Angst herrscht, die Phase der Panik und der Depression, in der anscheinend kein Weiterleben für den Einzelnen mehr möglich ist, die Phase, in der ganz viele nicht nur ihre Nerven wegschmeißen! Diese extremen Ausartungen sowohl nach oben als auch nach unten werden aber, früher oder später, immer wieder auf ein vernünftiges Maß reduziert bzw. wieder angehoben.

Wie es aber unter anderem gelingen kann, als Anleger in solchen Zeiten nicht auf der Strecke zu bleiben und zusätzlich, sofern man das möchte, davon sogar profitieren kann, soll der nächste Absatz anhand von langjährigen Erfahrungen erklären. Insgesamt also bitte keine Angst und keine Scheu vor der Aktie und der Börse, es sind durchaus sinnvolle Einrichtungen, die vielen Menschen und ihren Unternehmen viele Möglichkeiten zur Selbstverwirklichung bieten. Klar muss jedem natürlich schon sein, dass man mit dem Kauf einer Aktie aber sehr wohl Risiko trägt, unternehmerisches Risiko, und das muss jedem bewusst sein, der sich auf diesem Gebiet engagieren will.

Bereit? Ich würde äußerst vorsichtig werden, wenn ich hören und mir empfohlen werden würde, dass ich mein Geld dort investieren müsste, weil die Aussichten dort gerade so exzellent sind und es vielleicht gerade jetzt dort einen **BOOM** gibt. Ich kann Ihnen nur sagen, wie es mir ergeht, wenn ich Boom höre, egal ob am Aktienmarkt, bei den Immobilien oder sonst wo. Für mich ist dies ein erstes, sicheres Zeichen dafür, dass man seine Schäfchen schön langsam ins Trockene bringen sollte. Und wenn noch dazu die Aussichten für die Zukunft nur mehr durch die rosarote Brille gesehen werden, wenn man quasi von fast unbegrenztem Wachstum spricht, dann traue ich mich zu behaupten, dass der Zeitpunkt des absoluten Höchststandes nicht mehr weit ist. Achten Sie darauf, wenn an der Börse exzellente Nachrichten die Wirtschaft und die Unternehmen betreffend dann nicht mehr zu weiter steigenden Börsenkursen führen, weil dann ist für mich das Top erreicht, dann würde ich mich schön langsam „verabschieden“!

AUCH WENN ES SCHWERFÄLLT ZU VERKAUFEN, WEIL es ja gerade einen Boom gibt, auch wenn es gerade schwerfällt zu verkaufen, weil ja die Zukunftsaussichten so toll sind, weil ja eine gute Nachricht der anderen folgt, aber ich würde es trotzdem tun. Beobachten Sie es selbst einmal. Ich bin neugierig, welche Erfahrungen Sie damit machen. Es spielt sich aber auch mit umgekehrten Vorzeichen ganz gleich. Wenn man etwas von **KRISE**, von **CRASH** oder Ähnlichem hört, dann sollte man schön langsam hellhörig werden, denn der Zeitpunkt zum günstigen Investieren steht vor der Türe. Und wenn es sich dann noch so verhält, dass die Zukunftsaussichten alles andere als berauschend dargestellt und ab jetzt die sieben mageren Jahre an der Börse angekündigt werden, und die Kurse auf solch schlechte Nachrichten nicht mehr weiter fallen, spätestens dann sollte man wieder anfangen, schön langsam zuzugreifen. **AUCH WENN ES SCHWERFÄLLT ZU INVESTIEREN, WEIL** es ja gerade eine schwere Krise gibt, auch wenn es schwerfällt zu investieren, weil eben derzeit alles so schlecht läuft und alles so unsicher erscheint, weil ja die Zukunftsaussichten auch gar so schlecht sind, aber auch hier sollte man es trotzdem tun. Wenn Sie möchten, überprüfen Sie es! Machen Sie sich Ihre eigenen Gedanken dazu. Sie werden sehen, dass es sich so verhält. Denken Sie hier an das G wie Gedanken von André Kostolany, und denken Sie aber auch an das G wie Geduld, denn die Chancen und Möglichkeiten zum richtigen Ein- und auch zum richtigen Ausstieg kommen. Sie kommen ganz bestimmt, Sie müssen es nur erwarten können! Siehe auch das typische Anlegerverhalten auf der Homepage: **www.burnout-depressionen-fluch-oder-segen.at**

Und noch eine andere wichtige Erfahrung. Versuchen Sie, wenn Sie einen solchen Einstiegszeitpunkt gefunden haben, **SICH NICHT ZU FRÜH AUS DEM MARKT TREIBEN ZU LASSEN,** nämlich dann, wenn es anschließend wieder nach oben geht. Dies soll soviel bedeuten wie, dass einem in solch schwierigen Zeiten Kursanstiege von zehn oder fünfzehn Prozent meistens schon reichen und man dann ganz einfach zu früh verkauft, meistens nämlich viel zu früh. Denken Sie auch hier wieder an das G wie Geduld. Ich möchte Ihnen nur klar und verständlich machen, dass die Börsen nach überstandenen Krisen immer noch mehrere hundert Prozent (in Zahlen: mehrere 100 %) zugelegt haben. Außer Sie glauben an den Weltuntergang, aber dann ist es sowieso egal, wie und wo Sie Ihr Geld veranlagt haben.

Kapitel 18

Erfahrungen mit Burnout am Arbeitsplatz

Ich glaube, es ist unbestritten, wenn ich behaupte, dass **BURNOUT** und **DEPRESSIONEN** für alle Beteiligten große Probleme und Nachteile mit sich bringen: Erstens für den Betroffenen selbst, der unter diesem Krankheitsbild leidet, für den Partner, der dann selbst sehr oft an seine Grenzen kommt, für seine Familie, die sich in einer solchen Situation oft nicht mehr zu helfen weiß, und natürlich auch für seine Firma, in der er tätig ist! Jedes Burnout birgt also nicht nur ein **MENSCHLICHES, SONDERN AUCH EIN WIRTSCHAFTLICHES DRAMA!** Den Firmen, die – neben viel Geld in die Ausbildungen – auch sehr viel Zeit in ihre Mitarbeiter investiert haben, kostet so ein Burnout auch das ganze Potential des Mitarbeiters, es kostet den ganzen Idealismus, den vollen Einsatz, die gesamte Erfahrung und die Loyalität, die er seiner Firma gegenüber immer mitgebracht hat.

Es stellt sich jetzt, unabhängig vom menschlichen Desaster, die Frage, wie lange Mitarbeiter ein solches Burnout schon mit sich mitschleifen, es zu verstecken versuchen und daher schon lange Zeit vor Bemerken dieses Krankheitsbildes durch die Unternehmensführung gar nicht mehr in der Lage sind, ihre volle Arbeitsleistung zu bringen. Und es stellt sich ebenso die Frage, wenn ein solcher Mitarbeiter dann tatsächlich ausfällt, wo man so schnell einen gleichwertigen Ersatz mit derselben Erfahrung und den selben Kompetenzen herbekommen soll. Wo auf die Schnelle einen Mitarbeiter herbekommen, den man kennt, den man einschätzen und dem man vertrauen kann? Wie viel Zeit kostet es dann die Unternehmensführung wieder, einen gleichwertigen Mitarbeiter aufzubauen, wie viel Geld muss die Firmenleitung für diesen neuen Mitarbeiter wieder in die

Hand nehmen, damit dieser imstande ist, auch nur eine ähnliche Arbeitsleistung erbringen zu können? Es ist auch so, dass diese durch Burnout und Depressionen verursachten Krankenstände nicht nur zwei oder drei Wochen in Anspruch nehmen, sondern sie ziehen sich über viele Monate, oft sogar über Jahre hinweg, sodass hier ebenso wieder weitere Aufwendungen entstehen! Sie sehen, Fragen über Fragen, und damit auch Zeit über Zeit und Kosten über Kosten und Energieaufwand über Energieaufwand. Energie, Geld und Zeit, die jede Unternehmensführung für viele andere Sachen viel besser verwenden könnte und ihr letztendlich auch wesentlich mehr bringen würden!

So gesehen sollte es für jede Firma selbstverständlich sein, ihre Mitarbeiter, die ja die Basis für jeden gut funktionierenden Betrieb und die auch das eigentliche Kapital jedes Unternehmens sind, vor einem solchen Krankheitsbild zu schützen, sie rechtzeitig aufzuklären, damit ihnen so etwas nicht geschieht, damit sie dagegen etwas tun können, wenn sich das Burnout und die Depression bereits leise in ihr Leben geschlichen haben! Jede Firma sollte ihre Mitarbeiter hegen und pflegen, weil das allen Beteiligten auf Dauer wesentlich mehr bringt. Dem Unternehmen auf jeden Fall gesunde und bis in die Zehenspitzen motivierte Mitarbeiter, die ihm lange auf hohem Leistungs- und Bereitschaftsniveau zur Verfügung stehen, Mitarbeiter, die die Firma tragen, in guten wie in schlechten Zeiten.

Ich bin der Meinung, MITARBEITER über die GEFAHREN von BURNOUT und DEPRESSION nicht aufzuklären ist dasselbe wie

- **unsere KINDER und unsere JUGEND nicht über die GEFAHREN von DROGEN aufzuklären!!! Oder**
- **unsere KINDER und JUGEND nicht über die GEFAHREN von ALKOHOL und NIKOTIN aufzuklären!!! Oder**
- **unsere KINDER und JUGEND nicht über die GEFAHREN im STRASSENVERKEHR aufzuklären!!!**

Und ich glaube auch daran, dass mit diesem Buch jede Unternehmensführung jetzt schon die Möglichkeit hat, ihren Mitarbeitern zu zeigen, dass für sie dieses Thema ein ganz wichtiges ist, dass sie diese Thematik sehr ernst nimmt, dass sie mit gutem Beispiel vorangehen will und dass sie bereit ist, eine Vorreiterrolle einzunehmen, dass sie bereit ist, jetzt schon etwas dagegen zu unternehmen und nicht erst dann, wenn schon etwas geschehen ist oder wenn es von Seiten des Gesetzes Auflagen gibt. Diese Betriebe werden von sich behaupten können, wir waren die Ersten, die die weitgreifende Problematik erkannt und auch schon etwas dagegen unternommen und in die Wege geleitet haben, wir sind Pioniere auf diesem Gebiet, wir sind Vorbilder! Ich denke auch, dass dieses Buch eine gute Gelegenheit ist, eine **wichtige Botschaft** an alle Mitarbeiter zu richten und ihnen zu sagen:

Wir wissen um die Gefahren von Burnout!

Wir wissen um die desaströsen Auswirkungen!

Wir wissen, dass es jeden treffen kann, dass kein Mensch davor gefeit ist!

Wir wollen euch aufklären und informieren!

Daher dieses Buch!

Weil IHR uns wichtig seid!

Weil EURE GESUNDHEIT uns wichtig ist!

* * * * * * * * * * * *

Zusammenfassung

Gedanken, die Wirklichkeit geworden sind!

Zum leichteren Verständnis möchte ich abschließend meine Gedanken, meine Überzeugungen und meine Ängste noch einmal zusammenfassen, die in meinem Leben tatsächlich Realität geworden sind:

Meine Angst hat sich bewahrheitet,

- dass mich Freunde einmal im Stich lassen könnten!
- dass ich an der Börse einmal viel Geld verlieren könnte!

Meine oft und leicht gesprochenen Worte haben sich bewahrheitet,

- dass ich, wenn ich krankheitsmäßig einmal etwas habe, dass es dann schon etwas Anständiges sein muss, weil ich mich mit Kleinigkeiten erst gar nicht abgebe, was ich insgesamt drei Mal, einmal als Schlaganfall, einmal als Lungeninfarkt und einmal als Burnout, bestätigt bekommen habe!
- dass ich nur alle zehn Jahre gefährdet bin, dass ich nur alle zehn Jahre etwas in Form von schwerer Krankheit haben werde, was mir dann tatsächlich mit 25, mit 35 und mit 45 Lebensjahren punktgenau gelungen ist!

Meine Überzeugungen haben sich bewahrheitet

- in vielen Situationen im Fußball!
- ebenso wie in vielen Situationen im Tennis!
- bei der Parkplatzsuche!

Meine Überzeugungen haben sich bewahrheitet

- bei meiner Jugendliebe, die heute meine Ehefrau ist!
- in meinem Glauben, dass ich an der Börse einmal viel Geld verdienen werde!
- beim Kauf und heutigen Besitz meines Bungalows!
- bei der Auswahl meines Arbeitgebers, in dessen Dienste ich unbedingt treten wollte!
- bei meinen raschen Heilungsprozessen nach meinen drei Schicksalsschlägen, weil ich von meiner geistigen und körperlichen Fitness mehr als überzeugt war!
- in der Erkenntnis, dass ich dieses Burnout gebraucht habe, um zu „meinem wahren Leben“ finden zu können!

Meine Überzeugungen haben sich bewahrheitet,

- in dem Umstand, dass ich ab sofort keine Medikamente mehr brauche, und dass ich tatsächlich ab diesem Zeitpunkt, von einem Tag auf den anderen, wieder ohne schlafen konnte und auch keine Entzugserscheinungen hatte!
- in dem Wissen, dass ich das schon schaffen und dass ich da schon wieder rauskommen werde!
- dass ich einmal ein Buch schreiben werde und ich jetzt weiß, worüber ich schreiben soll!
- dass ich einmal entdecken werde, was möglichst viele Menschen auf dieser Erde brauchen könnten, und dass mir dies durch die vielen Umarmungen nun gezeigt worden ist!

Was mir eine Hilfe war!

Im Rückblick möchte ich wegen der Wichtigkeit und aus Übersichtsgründen auch noch einmal anführen, was mich auf meinem Weg der Heilung unterstützt und mir geholfen hat, mein Burnout in den Griff zu bekommen.

Ich erhebe natürlich nicht den Anspruch, dass dies bei allen Menschen die gleiche Wirkung haben muss, aber ausschließen möchte ich auch dies nicht. Mir ist vollkommen klar, dass dies, was dem einen hilft, nicht unbedingt auch dem anderen helfen muss, aber auf jeden Fall ist es so, dass jeder Mensch das Seine hat, was unterstützt, hilft und erfreut. Oftmals weiß man sofort, was es ist, und manchmal muss man es erst ein wenig suchen.

Was aber auf jeden Fall jedem Einzelnen eine enorme Hilfe sein kann, ist die Orientierung an seinen ehemaligen Leidenschaften, so gut es geht, so oft es geht. Zu versuchen, wieder das zu tun, was man immer schon gern gemacht und was einem immer schon gutgetan hat. Und wenn es anfangs auch nicht möglich ist, seine ehemaligen Leidenschaften in die Tat umzusetzen, so kann allein schon nur das bloße daran Denken wahre Wunder bewirken und der Start in einen Heilungsprozess sein, den niemand für möglich gehalten hat.

Es hat mir geholfen, weil

- ich mich an den Arzt meines Vertrauens gewandt habe!
- ich in einem Krankenhaus und einer Klinik war!
- ich dort professionelle Hilfe und Unterstützung in vielfältigster Weise bekommen habe!
- ich mich dort habe fallenlassen können!
- ich dort Schutz und Zuspruch bekommen habe!
- ich mich dort sicher und geborgen fühlen konnte!

Es hat mir geholfen, weil

- ich die mir verschriebenen Medikamente genommen habe, ungeachtet der vielleicht möglichen Nebenwirkungen!
- ich mir alle Zeit der Welt gegeben habe!
- ich gelernt habe, über mein bisheriges Leben nachzudenken und es zu verstehen versucht habe!
- ich gelernt habe, mich, mein Krankheitsbild, mein bisheriges Leben und alles andere, so wie es ist, zu akzeptieren!
- ich gelernt habe, kein schlechtes Gewissen zu haben, gegenüber nichts und niemandem!
- ich täglich in die Natur hinausgegangen bin!
- ich in der Natur versucht habe, mich wieder spüren zu lernen!
- ich immer mehr versucht habe, bewusst zu hören, zu sehen, zu schmecken, zu riechen und zu tasten!

Es hat mir geholfen, weil

- ich in der Natur spazieren oder wandern ging oder Nordic Walking machte!
- weil ich zu warten gelernt habe und ich mich in Geduld üben kann!
- weil ich gelernt habe, dass Dinge Zeit brauchen, damit sie sich entwickeln können!
- ich von meinen Mitpatienten in die Arme genommen und gehalten worden bin!
- ich Mitpatienten in die Arme genommen und gehalten habe!
- ich jedesmal ein aufrichtiges und ein ehrliches Danke dafür zurückbekommen habe!
- wir untereinander miteinander gesprochen, uns ausgetauscht und uns gegenseitig unterstützt haben!

Es hat mir geholfen, weil

- ich gelernt habe, mir zu vertrauen!
- ich gelernt habe, auf mein Gefühl zu hören und ihm zu vertrauen!
- ich gelernt habe, meinen Gedanken zu vertrauen!
- ich gelernt habe, mich von Personen und Dingen, die ich nicht um mich haben möchte, abzugrenzen!
- ich gelernt habe, NEIN zu sagen!
- ich gelernt habe, ganz tief und mit Bedacht zu atmen!
- ich gelernt habe, ruhig und gelassen zu werden und mich nicht mehr hetzen und stressen zu lassen!
- ich gelernt habe, keine negativen Gedanken zu haben!
- ich gelernt habe, tief in mich zu gehen und in gute und schöne Gedanken zu versinken!
- ich gelernt und verstanden habe, dass so „vieles" in mir ist!

Last, but not least hat es mir geholfen, dass ich eine Familie habe, die von Anfang an bedingungslos hinter mir gestanden ist und dies auch heute noch tut, obwohl es für sie selbst alles andere als einfach war! Tausend Dank dafür! Tausend Dank auch an meine Eltern, die mich in jeder Phase meines Lebens immer unterstützt haben und für mich da waren!

Tausend Dank auch an meine Therapeuten Frau Dr. Andrea Plaschke und Herrn Mag. Gunter Reisinger, die beide in ihren Bemühungen nie müde geworden sind, mich wieder ins Spüren zu bringen!

Ebenso allen anderen danke dafür, dass sie diesen Weg mit mir gegangen sind oder mich dabei ein Stück begleitet haben! Die, die es getan haben, wissen es! Auch euch tausend Dank!

Die ersten Wege, die mich dann irgendwann zu Unternehmensinhabern und Geschäftsführern, zu Direktoren, Prokuristen und Ärzten geführt haben und die ersten Gespräche mit ihnen, haben mich sehr stark ermutigt, mit dieser Thematik weiter zu machen. Auch Ihnen allen auf diesem Wege nochmals ein aufrichtiges und ehrliches DANKE!

* * * * * * * * * * * *

Nachwort

Dieses Buch soll Ihnen auch zeigen, dass, so wie ich es geschafft habe, jeder andere es auch für sich schaffen kann, wenn er nur fest daran glaubt! Und noch etwas: Es lässt sich ebenso auf jede andere Krankheit umlegen. Egal, ob Burnout, ob Depression, ob Bulimie, ob Krebs oder etwas anderes. JEDER KANN ES SCHAFFEN!!! Sie wissen selbst, dass es bereits x-mal vorgekommen ist, dass Menschen von Ärzten schon aufgegeben worden sind, dass jemandem gesagt wurde, dass er nur noch kurze Zeit zu leben hätte. Und letztendlich war es so, dass genau diese Personen sich dann doch noch eines langen Lebens erfreut haben! Sie sehen es, es ist „etwas" da, es ist „etwas" in uns, das uns so Gewaltiges vollbringen lässt! Es ist in mir, es ist in uns, ES IST IN IHNEN!!!

* * * * * * * * * * * *

Ich glaube, dass dieses Buch schon eine gewisse VORBEUGENDE MASSNAHME gegen Burnout- und Depressionserkrankungen ist!

Ich glaube, dass dieses Buch schon eine PRÄVENTIVMASSNAHME ist!

Ich glaube, dass aufgrund dieses Buches Menschen mit ihrem Burnout und mit ihren Depressionen LEICHTER UMZUGEHEN imstande sind!

Ich glaube, dass Menschen aufgrund dieses Buches erkennen können, dass es wirklich JEDEN VON UNS TREFFEN KANN!

Ich glaube, dass Menschen aufgrund dieses Buches erkennen können, dass sie sich für ihr Burnout und für ihre Depressionen NICHT ZU SCHÄMEN brauchen!

Ich glaube, dass Menschen aufgrund dieses Buches erkennen können, dass sich niemand ausbeuten, mobben oder schlecht behandeln lassen muss, von niemandem!

Ich glaube, dass Menschen aufgrund dieses Buches erkennen können, dass jeder das Recht hat NEIN ZU SAGEN und dabei KEIN SCHLECHTES GEWISSEN haben muss!

Ich glaube, dass Menschen aufgrund dieses Buches erkennen können, dass sie sich für niemanden, absolut FÜR NIEMANDEN AUFOPFERN müssen!

Ich glaube, dass Menschen aufgrund dieses Buches erkennen können, dass sie wegen ihres Burnouts und ihren Depressionen so frühzeitig wie nur möglich KONTAKT MIT IHREM ARZT oder einer VERTRAUTEN PERSON aufnehmen sollen!

Ich glaube, dass Menschen aufgrund dieses Buches erkennen können, dass MEDIKAMENTE in einer solchen Phase ENORM WICHTIG sind und unbedingt eingenommen werden sollten!

Ich glaube, dass Menschen aufgrund dieses Buches erkennen können, dass sie sich die ZEIT NEHMEN sollen, die sie für ihre Genesung brauchen, egal wie lange diese auch dauert!

Ich glaube, dass Menschen aufgrund dieses Buches erkennen können, dass sie KEIN SCHLECHTES GEWISSEN zu haben brauchen, wenn der Heilungsprozess länger dauert, niemandem gegenüber, nicht dem Partner gegenüber, nicht der Familie gegenüber, nicht dem Chef und nicht den Arbeitskollegen gegenüber, NIEMANDEM GEGENÜBER!

Ich glaube, dass Menschen aufgrund dieses Buches erkennen können, dass sie mit ihren eigenen immerwährenden GUTEN UND POSITIVEN GEDANKEN in ihrem Leben alles Gute und alles Positive anziehen können!

Ich glaube, dass Menschen aufgrund dieses Buches erkennen können, dass es sich mit schlechten und negativen Gedanken ebenso verhält!

Ich glaube, dass Menschen aufgrund dieses Buches erkennen können, dass sie jederzeit all das denken können, was jeder Einzelne denken will!

Ich glaube, dass Menschen aufgrund dieses Buches erkennen können, dass es für sie besser ist, DEN ANDEREN SO ZU AKZEPTIEREN wie er ist, weil jeder seine eigene Wahrheit hat!

Ich glaube, dass Menschen aufgrund dieses Buches erkennen können, dass auch er seine EIGENE WAHRHEIT haben kann, zu der er stehen oder sie ändern kann, wann immer er es möchte!

Ich glaube, dass Menschen aufgrund dieses Buches erkennen können, dass jeder die KONSEQUENZEN aus seiner Wahrheit zu tragen hat, ganz egal ob er will oder nicht!

Ich glaube, dass Menschen aufgrund dieses Buches erkennen können, dass sie es selbst sind, die IHR LEBEN BESTIMMEN KÖNNEN und niemand anders! Die bestimmen können, was sie zulassen, und was sie nicht zulassen! Die bestimmen können, was sie tun, und was sie nicht tun!

Ich glaube, dass Menschen aufgrund dieses Buches erkennen können, dass sie denken können, was sie wollen, dass sie allein DIE MACHT ÜBER IHRE GEDANKEN haben und sonst niemand!

Ich glaube, dass Menschen aufgrund dieses Buches erkennen können, dass sie sich allein in eine schöne oder in eine schlechte Welt denken können!

Ich glaube, dass Menschen aufgrund dieses Buches erkennen können, dass sie sich allein die Welt schön- oder schlechtdenken können!

Ich glaube, dass Menschen aufgrund dieses Buches erkennen können, dass IHRE HEUTIGEN GEDANKEN IHRE ZUKUNFT gestalten!

Vielleicht verstehen Menschen aufgrund dieses Buches SICH SELBST ZU VERSTEHEN?

WENN ICH MEIN LEBEN NOCH EINMAL LEBEN KÖNNTE,
IM NÄCHSTEN LEBEN WÜRDE ICH VERSUCHEN MEHR
FEHLER ZU MACHEN!

ICH WÜRDE NICHT SO PERFEKT SEIN WOLLEN,

ICH WÜRDE MICH MEHR ENTSPANNEN.

ICH WÜRDE VIEL WENIGER DINGE SO ERNST NEHMEN,

ICH WÜRDE NICHT SO GESUND LEBEN.

ICH WÄRE EIN BISSCHEN VERRÜCKTER ALS ICH
GEWESEN BIN,

ICH WÜRDE MICH MEHR GETRAUEN, WÜRDE MEHR
REISEN, SONNENUNTERGÄNGE BETRACHTEN, MEHR
BERGSTEIGEN, MEHR IN FLÜSSEN SCHWIMMEN.

ICH WAR EINER DIESEN KLUGEN MENSCHEN,
DIE JEDE MINUTE IHRES LEBENS FRUCHTBAR
VERBRACHTEN. FREILICH HATTE ICH AUCH
MOMENTE DER FREUDE.

ABER WENN ICH NOCH EINMAL ANFANGEN KÖNNTE,
WÜRDE ICH VERSUCHEN, NUR MEHR GUTE AUGEN-
BLICKE ZU HABEN.

FALLS DU ES NOCH NICHT WEISST, AUS DIESEN
BESTEHT NÄMLICH DAS LEBEN.

NUR AUS AUGENBLICKEN.

**WENN ICH NOCH EINMAL LEBEN KÖNNTE,
WÜRDE ICH VON FRÜHLINGSBEGINN AN
BIS IN DEN SPÄTHERBST BARFUSS GEHEN.
UND ICH WÜRDE MIT MEHR KINDERN SPIELEN,
WENN ICH DAS LEBEN NOCH VOR MIR HÄTTE.**

**ABER SEHEN SIE ... ICH BIN 85 JAHRE ALT UND WEISS,
DASS ICH BALD STERBEN WERDE ...**

**Jorge Luis Borges, Schriftsteller,
geb. 1899 in Buenos Aires, gest. 1986 in Genf**

Das passende Lied zu diesem Thema: „EIN DIAMANT VERBRENNT“ von Peter Cornelius!

* * * * * * * * * * * * *

Verwendete Literatur

Hesse, Hermann: Siddhartha, Suhrkamp Verlag, 1972

Charon, Jean E.: Der Geist der Materie, Ullstein Sachbuch, 1988